如何正确吵架

THE HEART OF THE FIGHT

发掘问题、解读渴望、创造幸福的伴侣沟通术

A COUPLE'S GUIDE TO FIFTEEN COMMON FIGHTS, WHAT THEY REALLY MEAN, AND HOW THEY CAN BRING YOU CLOSER
by JUDITH WRIGHT, EdD & BOB WRIGHT, EdD

[美] 朱迪斯·莱特 &
鲍勃·莱特———— 著
钟辰丽———— 译

中国华侨出版社
北京

致那些帮助我们一同探寻两性相处之道的伴侣们，他们勇于展示日常生活中充满纷争的一面，使我们得知争吵的真正意义和解决办法，从而铸就更为亲密的关系。于我们而言，他们的经验是此书宝贵的灵感源泉。

目录

序　言　1

第一部分　亲密关系的真相：破解谜团和重建认知

第1章　充满摩擦的亲密关系：15种基本争吵类型　6

有些争吵是值得的　8

建立或破坏亲密关系的15种争吵类型　9

获得幸福的6个技巧　18

勇于进行有目的性的争吵　22

第2章　爱情中的不和谐音：始终存在的矛盾与冲突　23

深入爱情困局　25

冲突是为了生存　27

在悬崖边缘挣扎　27

放下姿态、撕掉伪装的好处　36

第3章　没有一劳永逸的幸福：让童话成为过去，从此为真爱而战　38

亲密关系的真相　39

关于爱情的迷思　40

进入森林　42

错误观念无关大小　48

真正的浪漫爱情　55

第二部分　争吵的艺术：将冲突转变为幸福的6个技巧

第 4 章　唤醒渴望：发现需求，遵从本心　58

你在渴望什么　59

渴望是什么，我们在渴望什么　61

爱情与战斗　64

渴望与谬望　66

渴望的神经科学　67

表象的迷惑力　70

我们生来就拥有渴望　70

终身的渴望　71

亲密关系触发的童年渴望　73

学会渴望　75

亲密关系真正的魔力之源　78

第 5 章　紧密互动：公平争吵、积极相处的七条规则　80

真正与虚假的紧密互动　81

从矛盾到和谐　82

让关系的天平倾斜　82

建设性互动与破坏性互动的比例　83

互动量表：从中性和破坏性，到建设性和创造性　84

紧密互动的规则　86

规则1：突出积极面　87

规则2：弱化消极面　91

规则3：每一方最多对现状承担50%的责任　92

规则4：双方都对获得幸福和满足感承担100%的责任　93

规则5：保持坦诚，承认事实　94

规则6：争吵的目的是有所收获，而非表达反对　95

规则7：预设对方是出于好意　96

一对学习紧密互动的伴侣　97

爱情化学　99

第6章　揭露问题：限制观念与未解心结　101

在信念矩阵中寻找原因：过往经历之影　103

信念矩阵的形成　103

内隐记忆——源于过去，存于现在　104

对自身与世界的限制观念　106

一个完美的冤家　108

移情和投射：与我同床共枕的那个人是谁　109

互补法则和无意识契约　111

依恋图式与亲密关系　114

冲突型依恋图式　116

依恋破裂：失去理智　117

隐藏在虚假自我之下的未解心结　118

毫无保留的沟通　121

第7章　解放自我：摆脱思维与行为定式　123

自由去爱　124

循序渐进　124

挑战你对自己的限制观念　126

通过设立愿景与坚持，转变观念　128

挑战你对爱情的限制观念　130

行动起来，打破关系中的旧规则　132

持续的投入，无价的回报　141

第 8 章　重建矩阵：重塑思想，改造关系　142

重建矩阵的魔力：改造你和你们的关系　143

完美关系无捷径　144

警惕顽固旧矩阵　145

爱与争吵的变革性力量　146

情绪调谐　148

修复裂痕　152

一对重建矩阵的夫妻　154

重建矩阵的策略　158

重建矩阵的无限可能　160

第 9 章　坚持行动：致力于变成更好的我们　162

从开始到永远　163

爱情的新定义　165

用进废退的前额叶　166

深度刻意练习　168

切断退路　170

隐形的退路　173

乘胜追击　　175

设立愿景　　176

爱的勇气　　178

第三部分　开放心胸，拓宽视野

第 10 章　情绪成熟：亲密的共处、相爱与争吵　180

成长，协作，更亲密　　181

让我们独立而亲密的动力　　181

亲密关系从自我成长开始　　185

亲密、独立和情绪成熟　　186

情绪成熟才能真正亲密　　188

第 11 章　掌控情绪：亲密关系的智慧　190

基本和次级情绪　　191

情绪能力的四个方向　　193

探索内心感受　　196

不要压抑情绪　　197

大声说出来　　199

应对激动情绪　　200

重启互动，解决问题，重建联系　　204

亲密关系的认知神经学魔法　　205

第 12 章　好好吵架吧：良性争吵的无限可能性　207

追求浪漫的英雄征程　　208

是启程探险，还是留在原地　　209

在森林中迎战危险，发现宝藏　210

考验之路　211

亲密关系的艺术　212

盟友的帮助　214

从此过上有深度的生活　215

有意识地与自身、伴侣和更广阔的世界建立联系　216

致　　谢　│　219

出版后记　│　221

序 言

此书将就争吵的核心问题展开深度探究。根据我们的研究、可靠心理学指导下的伴侣实验,以及现有的关于亲密关系和神经学的研究,这本书将帮助你实现以下几点目标。

- 进行有效率的争吵,利用这个契机巩固与伴侣的关系,而不是任争吵破坏你们的感情。
- 探寻冲突背后的真正原因。
- 学习经验,不断成长,以实现心中愿景。
- 尝试体会不流于表面的细微爱意。

请准备好进入一段探索亲密关系的奇妙旅程。此书将提供伴侣相处的潜在秘诀,伴你畅享余生。我们将深入分析你与伴侣发生争端的真正原因,以及你的内在感受。这些经验可以引领你逾越日常的琐碎冲突,转而享受不断学习、成长和改变的人生乐趣。

此书是莱特研究大学(Wright Graduate University)及其"实现人类潜能"课程(Realization of Human Potential curriculum)中的多对伴侣共同作业的成果。我们将以简单易懂的语言,将课程中的理论与研究完美融合,其中不乏被我们称为"人类发展技能"的精髓。

与受众产生情感共鸣是我们进行此次探究的关键准则。也就是说,在此期间研究者与读者会共同学习与进步。读者将获取与此相关的诸多信息,包括一切负面信息,以及我们接下来将与你分享的6条幸福法则。

此书将分析15种表面上分属不同类型,实则拥有诸多类似因素的争吵。你会发现其中任何两种争吵类型的内容看起来大相径庭，但它们却是基于相同的起因，且揭示了极为接近的真相。这就像是关于谁负责倒垃圾的争议和引发伴侣吃醋的事件一样，当你深入它们差异极大的表面，探寻争吵核心时，相似的主题便会浮出水面。

用心去理解也很重要。很多人关于亲密关系和冲突的观念都建立在不可靠的传言和错误观点上。请准备好质疑你之前被他人灌输的相处经验。实际上，我们可以从下面这些打破谣言的真相开始。

- 解决了冲突，并不一定会改善你们的关系。
- 沟通技巧并不是所有问题的答案。
- 如果不尝试改变自己，而仅在对方身上下功夫，基本不会有效果。
- 经营一段关系的终极目标不是为了取悦自己，而是为了激发出你潜在的"最好的自己"。

跟你预想中不大一样？我们衷心希望你能认可这些观点，毕竟这才是更现实、更好的伴侣相处之道。

如何更好地利用此书

此书分为三个部分：第一部分解析亲密关系中的那些误区，继而向你展示在探寻争吵本质的过程中，我们可以获得的益处。第二部分将手把手地传授给你6个技巧和探索争吵本质的方法，供你应用于与伴侣的日常相处中。这些技巧不仅可以有效缓和争端，还可以在不断摸索中酝酿更为亲密的关系。第三部分将提供给你重塑自我的绝佳平台，你将通过此次机会开启探索亲密关系的全新视角。

此书的每个部分都不乏充满趣味又极具参考价值的伴侣案例。关于如何更有效地争吵，以及如何避免无效争吵，你可以从中获取方法和建议。这些方法和建议源自诸多学术研究和案例，从神经科学到百老汇的戏剧，涉猎范围极广，相信你会喜欢的。

即便你目前单身，或是缺乏任何学术背景，都不影响你合理运用此书。我们将以最直截了当的方式解析这6个技巧，伴随足够的练习和试验，以助你发现最适合自己的方法。本书致力于协助伴侣发现潜在的互动空间，而不是全权取代专业心理咨询和治疗。

接下来，你将接触到的信息多数会违背你的直觉，甚至不符合常识和所谓的"过来人经验"，但是十分有效。这也是我们要再次审视并打破日常谣言的原因。你如果想挖掘出争吵的本质，需要明白自己深信哪些谣言，意识到它们对你的日常生活和亲密关系造成的负面影响。

当你看到书中提到的众多建议时，不妨将它们当作拓宽视野的契机，在你今后的人生旅途中，它们会不经意地发挥作用。这6个获取幸福的技巧会为你揭露争吵的本质问题，并提供浅显易懂的方法，巩固你的认知。

微小的举动往往可以带来重大的变化。你将在接下来的章节中学会辨识潜藏在争吵中的渴望，并遵循此道，发展伴侣间全新的相处模式。但你要明白，切忌生搬硬套。你需要不断地尝试，缔造属于你自己的幸福方法论。

  此书的目的不是为了教会你在争吵中控场，而是希望你能通过这些摩擦寻找到更加纯粹的爱情和个人满足感。你需要重新审视自己的感情观，深入探究内心动机，接受自己不完美的一面，并直面你的缺点和负面争吵背后的直接导火索。

  请始终带着幽默感阅读此书。我们衷心希望你能微笑着接受自己，同时帮助我们揭示争吵的意义。请准备好酣畅淋漓的大笑，准备好大吃一惊，你甚至有可能在深究两性冲突的过程中热泪盈眶。让我们共赴争吵的核心，去发掘这段奇妙旅程中的无限财富。

第 一 部 分

亲密关系的真相：破解谜团和重建认知

第1章 充满摩擦的亲密关系
15 种基本争吵类型

"你确定不想离婚吗？"在鲍勃中断咨询去洗手间的间隙，婚姻顾问问我。

我不可置信地看着他。"当然不想。为什么这么问？"

他说："因为你们在吵架，而且吵得很凶。"

这位婚姻顾问并没有发现伴侣间争吵的本质。他认为激烈的争吵是我们关系破裂的预兆，而我们吵得这么投入、诚实和赤裸，让他感到很难堪。

这是我们第二次遇到持这种看法的婚姻顾问了。他错过了一种更大胆而真实的相处方式，我们就是通过这种方式相互影响并成长的。我们都知道，我们在这段关系中学习、成长，以成为最好的自己。甚至在尝试改变对方的时候，我们也不忘审视自身的问题。

鲍勃会为自己的合理意见据理力争，但他跟我一样，也完全没有动过离婚的念头。我们彼此相爱，享受着创造一种真正关系所要面临的挑战。我们的关系也从未出现过严重的问题。我们争吵是为了得到结果，而不是为吵而吵，也不是为了惩罚对方。我们之所以来寻求婚姻咨询，并不是因为我们"遇到了麻烦"，而是因为我们认为这样可以解决冲突，深入了解我们的相处模式，也更好地了解自己。

当然，我们的争执并不是（现在还不是）你想象中的那种文雅、开明的辩论，而是夹杂着跺脚、怒吼、令双方都不满意的协商以及沉默的放弃。但从此之后，我们再准备解决问题时，曾经的争吵总是会让我们更加了解自己，彼此感同身受，也感到更亲密了。我们的争吵多数都发生得很快，快到工作人员都抱怨说，他们总是来不及拿起手机记录下我们的争吵过程（作为有效解决冲突的例子）。起初，我的防御心比较强，不愿看到自己的阴暗面，也不想承认自己其实没有我希望别人看到的那么好。有时候我是真的想伤害鲍勃。我无意识地想要伤害他，这种举动可能是因为我想让他理解我，却选错了做法——我认为，也许他能体会到我的感受，就能理解我了吧！我看到，我对鲍勃的态度常常反映出自己的过往——比如我发现，我渴望得到他的理解，是出于我长期以来的一种需要，而我因为他偶尔疏远我而表现出的愤怒，也并不完全是因为他本人。

虽然在争吵的时候，鲍勃通常会揽下比我多的责任，但他表现出的更多是愤怒和受伤，而非脆弱和恐惧。最后，我们会冷静下来，变回负责任的成年人。每当这时，我们总会惊讶于争吵以及我们建立起来的亲密关系中浮现出的一些信息和我们从中学到的东西。

早些年，鲍勃在人类潜在行为、阿德勒[①]心理学、发展心理学与存在心理学等领域内开展了一系列研究，于是，我们发现了伴侣间相处的全新模式。我们遵循一定的准则，却不会全部照搬。我们摒弃了那种小心翼翼、无法直抒己见的相处模式，适当的争吵和毫无保留的表达让我们更加亲近，并给予了我们更多了解对方的机会。

不仅仅是我和鲍勃，在可与我们婚史等长的过去三十多年里，很多对伴侣都通过此类项目和小组互动接受了我们的帮助。我们有幸接触到数百对伴侣，不光是那些感情出现问题的，还包括很多希望能够巩固并改善关系的。我们深度接触过处在不同感情阶段的伴侣，并得以总结出

---

① 阿尔弗雷德·阿德勒（Alfred Adler, 1870—1937），奥地利心理学家，个体心理学创始人。——编者注

真正奏效的良方。我们根据每对伴侣的具体情况，有针对性地制定出了适用于他们的方案，这些方案涵盖了从婚前到下一代走入校园后的每个阶段。

我们针对那些成功的伴侣们进行了一项关于亲密关系的突破性研究，旨在观察他们生活的方方面面。不难发现，他们都遵循类似的准则，这些准则不仅可以帮助他们巩固关系，更能有效地满足他们其他方面的生活需求。研究者和导师的身份让我们得以将婚恋中的冲突放在更大的语境中。我们在全美范围内的高校中找到了相关的硕士和博士项目，并因此获取了诸多专业人士的帮助，使最优秀的人类发展技能和最先进的行为学、神经学研究成果完美结合。

因此，我们深知一段充满爱意且长久保鲜的亲密关系需要哪些因素，当然了，这些因素并不是你想象的那些，也不是我们日常生活中来自亲友、媒体、电影、书籍或"公众常识"的那些老生常谈。

有些争吵是值得的

你是否需要爱人极致的温暖关怀和绵绵爱意？你需要付出的代价是保持真我。你是否羡慕别人能享有深厚的感情？那就请尝试表达自己内心深处的真实感受。你希望与对方的关系能够更进一步？那就试着帮助对方来满足你的需求。总之，想要完美的友谊或是爱情，就要做好准备迎接适当的争吵。

遗憾的是，我们中的大多数人，包括一些专业人士，都无法掌握完美争吵的技巧。有些人缺乏良性的争吵，有些人甚至从不会与人发生冲突。人们总是热衷于避免争端，而不是让生活中的矛盾顺其自然地爆发。我们的看法与这种传统观点相悖，我们认为，适当的冲突是伴侣间实现甜蜜互动的秘密武器，当他们清楚地意识到为何争吵、如何争吵以及争吵的目的之后，这些互动将会拉近彼此的关系。

伴侣间这些司空见惯的"争斗"可以让他们体会从未有过的相爱体验，并令彼此的关系达到前所未有的亲密和信任程度。所有的一切都需要双方全面投入，包括发生冲突、挑战对方的意见和话语交锋。同时，完美争吵也需要伴侣遵循某些既定的规则，我们将在接下来的章节中详细探讨。多数人在唇枪舌剑之际容易忽略这些规则，因此错失了深入了解自己的机会。他们只是单纯地想结束这场争吵，或是考虑如何取胜，或是直接忽略它。很多探讨亲密关系的书籍和感情长久的秘诀都将焦点集中在如何避免伴侣间的冲突上，充满了"重返蜜月期"之类的误导性建议。他们不断试着去根除争吵，鼓励伴侣间的团队合作，而忽略了个体在争吵中不断学习与成长的绝佳机会。

建立或破坏亲密关系的15种争吵类型

为了更好地掌握有效争吵的方法，我们需要熟悉一下生活中常见的几种争吵类型。将这些矛盾进行细分，可以帮助你迅速辨认自己的处境。你可以根据我们的分类，准确判断影响亲密关系的冲突，才能进行深入分析。

我们选取了一些常见的冲突类型，并会示范该如何应对，希望你能在之后的生活中熟练运用相应的技巧。这些案例将贯穿本书，出现在各个章节中。重要的是，你可以从中学习到争吵的意义，并获得宝贵经验，而不是一味专注于案例的具体内容。伴侣们通常会因为一些表面问题产生矛盾，但其中潜藏的内在问题却更值得引起双方的关注。解决矛盾的核心应该是聚焦根本性的问题，而不是做表面功夫。

下面，请认真浏览我们列举的15种争吵类型，并思考你是否也遇到过类似的难题。

1. 推卸责任

这种争吵纠结的是"到底是谁的错"——无论是因为度过了一个糟糕的假期、选了一家差劲的餐馆、一个讨厌的访客逗留太久，还是你们吵起来这件事本身。找替罪羊和搞清楚为什么会出状况之间有着天壤之别。前者是一种报复行为，而后者是一种学习过程。一旦陷入推卸责任的怪圈中，不满的感受往往会纷至沓来，却无法带来真正的改变。不要在争吵中推卸责任，而是应该明确你到底在为什么而烦恼、什么地方出了问题，以及如何改变现状。深入分析之后，你就会发现自己如此在意责任归属的原因，便能够把注意力集中在你想得到的东西上。

2. 家务琐事

由家务活的分配、马桶圈是不是该放下和"你根本不珍惜我的劳动"等琐事引发的争吵，涵盖了一系列家庭纠纷，包括谁洗盘子、接孩子、做饭、洗衣服直到怎么做家务。这些争执常常体现了责任分配的不公，或有一方忽视了对方为家庭所做的贡献。

在伴侣对责任分配的争吵间，一场关于权力和控制欲的角力也在潜意识层面悄然展开。如果你们只是吵个没完，而不去解决问题，或者以一人妥协而告终，那么就无法获得任何经验。这些家庭责任的分配之争不该成为你们关系的负担，反而可以成为伴侣间巩固感情的绝佳机会。冲突的目的是帮助双方解决问题，或者至少暴露出目前存在的问题，以免小事发酵成为大矛盾，成为将来侵蚀你们关系的隐患。

3. 财务纷争

对很多伴侣来说，无论是赚钱与花钱行为、消费方式还是理不理财，财务争端都是个随时可能爆发的问题。你们可能会对吼："你疯了吗？我们买不起这个！""你这个小气鬼！"另一种情况下，也许起初一方并没有恶意，只是关心地问了一句："你为什么不去跟老板提加薪呢？"然而，如果提问者对对方的回答不满意，关心就很容易变成愤怒："你就是懦弱，不会自己去争取。"

关于钱的问题——缺钱、想增加收入与理财——本身可能都是切实存在的问题。然而，它们只是导致争吵的表面问题。金钱于每个人而言，都有着各种不同的巨大象征意义。这些争吵背后，常常隐藏着自我价值、价值观或安全感方面的问题。这些问题之所以会产生，可能是因为渴望获得欣赏或社会认可的心态，或是因为一些欲望（如攀比）没有得到满足。我们都想被爱，但我们很容易误把有没有钱和爱不爱混为一谈。

进化生物学和神经科学也表明，自古以来，我们的大脑就会把是否拥有足够资源和生存状况联系在一起，因此，缺钱造成的危机感会引发我们原始的恐惧，进而导致争吵。

4. 有话不说

你一个人走开，生起闷气，沉默不语，心生怨恨。总之，现在到了冷战环节。你想传达给他/她的信息是"他/她应该能明白我的意思"，但情况不太可能如你所愿。这样做什么都解决不了，你们的关系也永远无法深化。

亲密关系中这种悄无声息的冲突很可能是致命的。你不用提高音调，甚至不用开口，就可以让对方知道你的敌意。事实上，隐形的恶意常常体现在沉默中，而你很容易装作分歧并不存在。还有一些对抗行为，表面看起来风平浪静，甚至看似友好，实质上却是种消极的攻击行为，逐渐侵蚀着你们的关系。

找到交流的重点，直面你们表达出的不安和愤怒的真实情绪，开诚布公地把压抑的矛盾说清楚，这些才是关键。有些伴侣欠缺社交情商。通过培养表达感受的能力，消除那些没出口的敌意，更真诚地与对方交流，他们才能在理解对方、亲密相处和自我满足中得以成长。

5. 欲求不满

此类争吵包括"你总是不在状态""你怎么总是想要""你只是在装模作样"或是"你觉得我没吸引力了"。这些争吵不仅是关于性行为的，你们还可以从中挖掘出一些有价值的信息，帮助你们通过各种方式提升性生活质量，从而增进伴侣关系和性生活满意度。直面性生活中的根本问题可以有效避免矛盾，防止双方自信心受挫。

我们的研究发现，这种情况的实质通常是发展需求无法得到满足，对性生活的需求往往是次要的。虽然性能力在我们的发展中扮演着重要的角色，但我们总有些更初级且优先于性的需求，即想要得到肯定、关注、理解和关怀。如果双方都渴望陷入其中，那么亲密程度就会加深，彼此的交流也会变得比每周性生活次数更重要。一旦伴侣进行有效的争吵，而不是把注意力全集中在争吵本身或输赢上，性生活的频率自然会提高。

6. 如果你真的爱我

如果你真的爱我，你就会戒烟，会早点回家，就算我没告诉你也该知道要给我买什么，会少看电视，少玩电脑游戏，不买那么多鞋，穿得更体面。亲密关系中的这种争吵还衍生出无数种形式，比如"如果你真的爱我，就该在你妈训我的时候站在我这边"，或是"如果你真的爱我，就不会那样对我说话"。

在这种对话中，与其对某些迷思深信不疑，觉得恋爱中的人都该会读心术，无条件地服从对方意愿，倒不如把关注点放在理解自己或对方为什么会打出"如果你真的爱我"牌上。这类争吵——比如爱对你们双方而言究竟意味着什么,以及爱的责任是什么——都会让你获得更深的见解。可能你们对此有着不同的观点,但直面这些不同观点,有助于你们克服情感中的关键障碍,进而提升你们的关系。

7. 我受不了你

"我受不了你唠叨个没完。""你为什么那么对服务员啊?""我们又不是在乡下,别吧唧嘴,太难听了。"突然间,另一半咀嚼、走路、吃东西或说话的方式变得让你无法忍受。简单的生活习惯都会让你抓狂,甚至起鸡皮疙瘩。过去喜欢的事开始让你感到心烦,"如果他继续这样,我就要尖叫了""每次她用这种语气说话,就像指甲在黑板上划一样"。

几乎任何事都能激怒你,或让你开始心烦。看看这些"看到你就烦"式的争吵,你可能会找到很多没能表达出来的东西,以前它们被扫到了地毯下面,而现在你被它们绊倒了。大声笑、掰指节的声音、某种面部表情或是曾经你觉得可爱的紧张模样,如今都让你感到痛苦。确实有些事正困扰着你,但并不是你想的那些。你需要认识到更深层次的问题,这样你才能使你们的关系朝更好的方向前进。

8. 你爱……胜过爱我

这类争端的主题通常是"你爱手机、运动、购物、社交网络、工作、孩子……胜过爱我"。一般来讲,这样的言论的表现方式常有:直截了当地"指控"或发牢骚,比如"看在老天的份儿上,别再一直玩你那破手机了";看似发嗲,实则抱怨,比如"你打高尔夫的时间比陪我还久";不容辩驳的命令,比如"别再妨碍我了";不间断的唠叨,比如"我需要你的时候,你总不在我身边"。不管争吵的内容如何,通常都可以看作对其中一方"更关心某件事物"的批判。而这些细微的抱怨,无疑会破坏二人的关系。

这类看似吃醋的质问的动机没错，是表达出了错。无论是生理还是心理上的矛盾，坦率地讨论问题才有助于一段健康关系的发展。不管你们之间情感的缺失是来自对购物或看电视等嗜好的沉迷、因为恐惧亲密关系而疏远对方、因为害怕冲突而回避问题，还是为了掩盖内心的沮丧，你们若能直面这些问题，就可以改善彼此的生活质量并加深感情。

9. 原生家庭矛盾

某次，朱迪斯受邀参加《奥普拉·温弗瑞秀》，然而此次参演嘉宾表现得极其糟糕，让这位充满传奇色彩的名嘴都束手无策并连连摇头，建议朱迪斯提前录制并尽快结束这场灾难。那期节目的主题是家庭争端，奥普拉直言："还是你来搞定他们吧！"

伴侣双方家庭的矛盾体现在诸多方面，包括对方亲属恼人的行为（"你妈妈快把我逼疯了！"），其他亲属插手伴侣二人的相处（"你爸爸要是再多插一句嘴，我就……"），还有在一方受另一方亲属不公正对待时，另一方没能阻止（"你妈妈那么对我，你却什么都做不了！"）。

两个家庭间的争端是个很棘手的问题。伴侣间以往的忠诚不再，战线筑起。参透潜藏在这些家族表层事务之下的矛盾，可以帮你有效改善并促进与伴侣及其亲属的相处情况。你如果能妥善地处理这些错综复杂的关系，也会在此期间完善自我，逐渐建立伴侣间的信任并加深彼此的牵绊和爱意。心理学家认为这个过程有助于个体人格的完善，你可以通过这种方式培养自己独立的人格。

10. 我早告诉过你

这类矛盾有其套路可循。一方会用"我早告诉过你"句式展开嘲讽，然而对事实没有任何益处。每个人都会犯错，但没有人喜欢被人以嘲笑的口吻翻旧账。这类争吵会让伴侣变得疏远，但如果你们提升看问题的高度，它们也可以成为你们深入了解对方的桥梁，进而改善亲密关系。

如果每次都回避这种"我早告诉过你"型争吵，你将无法得知你们关系中的稳固和脆弱之处。在这类冲突中，你可能会陷入无止境的、上下起伏的权力与地位之争，心理学家阿尔弗雷德·阿德勒称之为"自卑与自负情绪的复合体"。当你潜心观察这些争吵时，不难发现，源自你内心的自卑与自负已经开始影响你与伴侣的关系。在之后的相处中，你那些固化的思考模式和狭隘的感知，甚至是行为模式都可以得到转变，从而构建更为稳固的亲密关系。

11. 你总是 / 你从不

我们总会在争吵时使用一些极端的字眼：你"总是"这么做，"从不"那么做。事实上，在正常的人类行为中，很少存在"总是"和"从不"的情况。这样的无理指责无疑会激起对方的抵触和反击情绪。此类争吵的根源常常是一方的要求得不到满足，感到失望无助，继而极端地对伴侣的行为盖棺定论。

"总是""从不"这些字眼被称为"情态操作词"，它们对事实的可能性进行了限制，结果往往是给自己画地为牢，或者成为自我实现预言，从而限制了例外情况和变化的发生。当我们在争吵中使用了"总是""从不"这些字眼，争吵将很容易恶化成"推卸责任"中的情形："我没有"和"你不也一样吗"。此类争吵很可能变成自我实现预言，因为你并不相信自己的需求能得到满足。这些争吵往往还源于频繁体会到的各种消极经历，如试图传达不安的情绪却感到对方不关心你、未能得到解决方案，或是暗中堆积的负面情绪彻底爆发，从而将对方的行为全盘否定。

12. 你骗了我

一方的隐瞒、撒谎和不守承诺等欺骗行为，常常会令另一方痛苦，甚至导致激烈争吵。人们发现自己受到欺骗时，会非常愤怒，而争吵的内容主要有以下几种。

为什么不告诉我：你老板正在考虑给你升职；你从我们的账户里取了钱，把债券变现，还抵押了房子；你找了份需要我们搬家的工作；你在网上跟人调情；你跟前女友（前男友）吃饭了；其实你一点儿都不喜欢我做的肉饼……

你对我撒谎了：你说你在参加工作相关培训，但乔说在高尔夫球赛上看到你了；你告诉我要工作到很晚，但其实是出去跟别的女人喝酒了。

承诺没有兑现：你明明答应过我，要修一个新厨房；你明明向我保证过我们不会再搬家了；你发誓过不会再跟你那些朋友整晚鬼混的；你答应过我，在……前会先跟我商量；你说过要节食的；你向我保证过，不会一声不响地从那个账户里取钱的。

我们的目标是理解承诺、秘密或谎言的本质，并深入探究欺骗行为产生的原因。问题不在于某个具体的谎言如何，我们寻求的答案也不是敷衍了事的回答，甚至不是发自内心的忏悔，哪怕是"我以后绝不会这样了"。争吵的焦点应该落在信任上：为什么一方感到无法信任对方，以及这对伴侣应该怎么做才能重建对彼此的信任。要发掘出欺骗行为背后隐藏的不安、不信任和恐惧感，这可能会令人感到痛苦，但无论是对个人还是伴侣之间的关系，这样做都具有极大的启发意义和治愈作用。

13. 你跟你妈/爸一个样

这类常见的争吵往往会戳到你的痛处，尤其是当你长久以来一直害怕成为父母那样的人时，你的伴侣却抓住这点不放，因此这些话也属于争吵的范畴。如果争吵的内容只集中在谁对谁错上，或是陷入对你是否真的很像你父母的讨论，这种争吵对你们的关系毫无益处。而如果你们争吵的焦点在于你表现出的某种具体行为或态度与你的父母很像，那么你们就可以利用这一点，让矛盾变得更具内涵、更有意义。实际上，也许你在担心你们的关系会变得像你父母那样，也许你知道自己表现出了一种与父母相似的行为，而这种行为可能会破坏你们的关系，也许你其实在试图向伴侣传达一个更深刻的信息，想告诉对方，你的生命中缺失了什么东西。

你可以把这种关于父母的争吵当作一个非常有效的滤镜，通过它来审视自己的过往，看看它是如何影响你如今的亲密关系的——你的成长过程以及与父母的关系如何影响了你个人和与伴侣的关系，以及你能如何改变这种情况。能让你更深入理解现状的问题包括：对你而言，像父母有什么不好吗？它唤起了你的什么感觉？这种情况下，你想要什么？你希望的行为方式和结果是什么样的？你将面对自己痛苦和愤怒的根源，并如释重负地看待和关爱你的伴侣。你会全心爱这个人本身，而非将其当作你父母或是你自己过往的投射（projection）。

14. 你变了/你不会改的

"你变了。""你为什么不能像以前那样呢？""你以前从不会这样的。""我们以前出去的时候，你都是假装的吗？""你不会改的。""为什么你就不能提前想想呢？""你就是不想做出改变。""你只要想改，是可以改的。"一旦人们把改变与否视作爱情的试金石，这类争吵就会变得尤为激烈。

无论如何，你都觉得受到了背叛。如果你不愿对此展开争吵，那么这种背叛的感觉将会挥之不去，继而毒害你们的关系。唯有积极面对，以负责任的态度对这类分歧进行协商，才能行之有效地予以解决。否则，它们可能会变成类似"你说过你会改的""我没说""你不也一样"的消极循环。也有可能演变为持续不断的哀怨："你为什么就不能爱我真实的样子呢？"或是固执地说"要改你改，我好着呢，才不想改"，或是"我就是这样的，你得接受"。改变着实不易，但对维系良好关系而言至关重要。

15. 你让我觉得丢脸

尴尬有很多种形式。有"真是的，你竟然到处跟人说医生让我减掉25磅。我不要面子的吗？"也有"你凭什么觉得我们的性生活怎样需要让别人知道？你知道我有多注重隐私的。丢死人了。"

有些人在亲密关系中，总是会让伴侣陷入尴尬境地。他们的所言所行会使伴侣感到难堪。如果一味忽视这些羞耻或尴尬的时刻，让它们持续下去，而不去解决根本性的问题，那么问题只会越来越严重。

你可以换个思路，真诚地问一问自己为什么会觉得尴尬，而对方又为什么会做出这些让你难堪的行为，如此便能有所领悟，并产生同理心。好好梳理一下这类争吵，你们会发现它们涉及彼此的价值观、社会习俗、潜移默化的家庭规则和理念等重要因素。此类争端还可能会暴露出某些妨碍你获得成功或让你感到不满足的盲点。与其煞费苦心地控制对方的言行，还不如从对方身上学到更多东西，小到理解伴侣的敏感之处，大到愿意像对方那样"打破规则"，表达自己的真实想法，哪怕这么做对双方而言都是痛苦的。

获得幸福的6个技巧

无论你处在哪种类型的争吵中，我们与多对成功伴侣合作完成的研究都将向你展示，如何认清争吵的本质，以及如何通过争吵拉近你们的感情。当你熟练掌握我们所说的"为幸福而争吵"的步骤，也就是了解这个过程中的6种增进关系的关键性技巧之后，你会掌握有助于加深而非损害你们关系的争吵方式，从而获得梦想中的亲密感和满足感。通过争吵的方式来达成理解、巩固亲密关系需要付出努力，但考虑到可得的好处，这些努力都将是值得的。请你明白，成功与否取决于你，而非你的伴侣。这些让争吵变得更有效的技巧是一串连锁反应，但你也可以通过依次或单独使用某些技巧，发挥其独特作用。你们的关系能够得到改善，需要你们各自学习、成长，深入探究争吵的根源，并满足自己内心未得到满足的需求。

因此，请负起你自己的责任，掌握这些技能，不要再寄希望于对方变得更具同理心或是更能理解你。负起责任的最佳方式便是熟练掌握这六种关键技巧，它们将有助于你重建甜蜜关系。你能熟练地使用这些技巧，就能掌握有助于加深而非损害你们关系的争吵方式，进而促进你希望获得的亲密感和满足感。我们将在后面的章节中详细介绍这些技巧，不过现在，先让我们简要介绍。

技巧1：唤醒渴望

首先是重新唤醒我们的渴望——渴望关注与被关注，渴望触摸与被触摸，渴望爱与被爱，以及渴望自己受到重视，渴望付出，渴望自己能产生影响。我们之所以会争吵，往往是因为我们下意识地希望自己未被承认的渴望能得到满足，或是因为这种不满足而进行了抗议。良好的关系需要我们打破常规和习惯，而这种技巧始于学习让我们的渴望指导我们进行交流互动。你要对你们的争吵进行剖析，用你的发现来帮助你实现内心真实的渴望。当你责怪伴侣在刚刚做的菜里放了你讨厌的香菜时，你真正渴望的其实是让他承认你很重要。

技巧2：紧密互动

我们一旦与彼此紧密互动，就会对我们的渴望做出发自内心、毫无保留、能真实反映现状的回应，这通常意味着我们要尝试不同的相处方式。一旦我们不再试图为自己辩护或一心想赢得争吵，而是从中探寻渴望并积极应对，我们便能开始了解彼此。你不仅能够满足自己的渴望，还将承认并满足对方的渴望。通过遵守应对渴望的规则，你将最大限度地减少有损你们关系的沟通方式，并实现有效而富有创造性的交流。

技巧3：揭露问题

当我们表达渴望并紧密互动时，并非事事都能尽如人意。我们对自己、自己的内在动机以及过去都有了越来越深刻的认识，同时更多地展现出了真实的自我。在这一技巧中，你将进一步挖掘，探寻到底发生了什么——为什么某些行为会激怒你？这能反映出什么？你自身的问题还是某些"未解心结"？——并与你的伴侣分享答案。你开始发现自己的信念"矩阵"，即由制约你行动的态度、个人偏见和错误信念构成的神经网络。这些矩阵来自我们人生早期形成的关系模式，通常是在尚未发展出语言能力或具体记忆前就已经形成。这些既有矩阵是值得质疑的，而你会发现关键疑点。你会找到一些行之有效的方法，来保持对自身的好奇心；你会变得自省，学会正视自己。你还会从他人那里寻求反馈，尤其是关于你与伴侣之间关系的反馈。

技巧4：解放自我

走出习惯的牢笼，去做不可为的事，说出不可说的话——"解放自我"是在揭露问题的激发下产生的，正如"紧密互动"是紧随"唤醒渴望"之后出现的那样。一旦拥有了这个技能，你将摆脱老旧的模式，迎接新的生活方式。你将尝试新的行为习惯，并根据你在揭露问题的过程中获得的新发现采取相应的行动。你将挑战自己局限的观念，并发现相关的全新可能性。你将分享真实的自我，颠覆以往好斗的行为模式。当你习得了这项技能，为你们的关系发展创造出新的可能性之后，摆脱束缚的你将变得更加真实。你将探索并发现亲密关系的新领域，在作为个人的同时，也作为爱人学习、成长。

技巧5：重建矩阵

在这一阶段，你要了解是什么改变了你的大脑和行为，以及作为结果的亲密关系。无论你是否情愿，你的头脑中都已经存在预设好的程序。好消息是，你可以改变这种程序，也就是"重建矩阵"。你早期的经历已经成为你的矩阵中的神经通路，它们决定了信息的传递路线，抑制了某些渴望，同时把另一些渴望放大，从而形成了你的个性。重建矩阵是一种摆脱陈规的战略性行为，目的是建立新的神经通路，从而使你拥有更有力的信念、行为习惯和生活方式。

技巧6：坚持行动

坚持，指的是在今后的生活中继续致力于重建矩阵，也就是有意识地持续进行自我改变，成为最好的自己。你在坚持这一行动时，就会不断挑战自我，持续性地突破自我。你会全身心致力于挖掘出自己及你们关系中最好的一面，会愿意付出脱离舒适区的代价，也会愿意做任何能让你学习、成长、转变的事，只要你们的关系和生活质量能够提升。这样一来，你就能更加投入地面对你们的关系。你会在面对不断新出现的挑战时重新获得活力，持续取得进步，最大限度地提升愉悦感、参与度、个人发展水平，并对你自己的世界做出贡献。

勇于进行有目的性的争吵

你并不是在赤手空拳地进行战斗，上述这六种技巧将让你在任何一种类型的争吵中都能游刃有余。而即便掌握了这些技巧，你仍需要展现出勇气，因为你不仅要为小事斗嘴，也要为大事争吵。为了增加勇气，请记住你是在为某些有意义的事而争吵——你们的关系可以提升至幸福甜蜜的水平。

你能加入我们的旅程，令我们由衷高兴。你将发现，当伴侣们相信他们有机会增进和巩固感情时，他们会有多么投入。在接下来的章节中，你将看到的伴侣并不关心浮于表面的东西，而是着眼于真正的、全面的交流，这是追求良好婚恋关系的基础。在加入我们之后，你会了解该如何利用两性间的冲突来创造更深入，更美好的关系——美好到超乎你的想象。

在这个过程中，第一步是承认并理解一个事实：爱情中本来就充满了各种不和谐音。这一点将有助于你理解争吵在亲密关系中的作用及其原因。

爱情中的不和谐音

始终存在的矛盾与冲突

真正的爱情并不是在一片花海中以慢动作奔向对方的怀抱，在彼此的耳畔低吟些甜言蜜语；也不是一段永不结束的蜜月之旅，一场永远延续的完美梦幻，仿佛每天都艳阳高照，我们什么也不用做，只需享受充满默契、轻松快意、高潮迭起、没有人会出汗或放屁的性爱。

真正的爱情意味着，你们要共同在这段关系的泥沼中挖出污物，拔除杂草，让你们之间的亲密关系历久弥新。真正的爱情中有亲吻也有怒吼，有嬉笑也有争吵，有相互慰藉也有彼此挑衅。它需要的是真实，而非谨言慎行。若想获得真爱，你就需要感知所有的情绪：恐惧、伤害、愤怒、悲伤，当然还有快乐与幸福。

因此，爱情是混乱的。我们为什么要提到这一点呢？因为你只有充分意识到亲密关系的混乱本质，才会明白争吵的必要性。而你也会发现，争吵本身并不能保证亲密关系的美满。你需要掌握争吵的原因、方式和时机，以及争吵的话题。你还需要弄清楚，如何在琐碎的争吵到猛然爆发的大冲突中：

- 得到对方的理解
- 理解对方
- 取得你想要的结果
- 享受大胆争吵的过程

● 共同学习、成长

只有这样，你们才能变得更加亲密。

想通过争吵促进亲密关系，你们需要反复练习。由于爱情中充满了矛盾纷争，有些人会为了避免这些混乱而避免争吵。同时，爱情纷繁复杂、变化无常，让另一些人陷入了破坏性的冲突之中——耍手段，玩心机，吵架只为宣泄，还爱翻旧账。在这里，我们将帮助你学习如何理性地应对亲密关系中这些混乱的争吵，使你重获幸福甜蜜，而非选择分手。

如果你已经拥有丰富的争吵经验，那么本书将帮助你把争吵过程变得更行之有效。你会明白如何直达争吵的核心，并将其与伴侣分享，拉近你们的关系。如果你习惯于避免争吵，认为发怒会毁掉你们的关系，那么你会在这里掌握争吵的技巧，通过这些有效的争吵促进你的个人成长，同时优化你们双方的相处之道，让你们的关系更加紧密。

如果这一切似乎都与你的直觉相悖，原因是，爱既没有逻辑，也不是线性的，而是不稳定、不可预测的，并由深藏于我们心底的原始力量支配。这种力量既强大又混乱，却是你可以也应该理解的。理解的关键是培养一种能力，学会在对你而言很重要的那些方面负责地进行争吵。你如果做不到这一点，自欺欺人地认为爱情就该像电影中那么浪漫、可以预测并可以用理性控制，将陷入困境，不可自拔。你可能从来都不去争吵，但也永远无法成长，你们的感情也将停滞不前。只有当你真正与对方进行沟通，也就是敞开心扉，在措辞和情感交流上全然诚实，并始终抱着负责任的态度，真相才会显现。所有的争吵类型，从推卸责任到原生家庭矛盾，再到"我早就告诉过你"，都能引出发人深省的讨论和宝贵的新发现，偶尔还会让你们茅塞顿开。我们将会讨论如何以有益的方式利用这些争吵，但首先，让我们来看一看研究的结论，看看积极的争吵是如何促进亲密关系的。

深入爱情困局

伴侣并不会因为争吵而分手，只会因为不知道如何利用争吵增进亲密度而分手，如果不直面这些挑战，那么你们将永远无法获得更深层次的亲密感。其中的关键并不是避免争吵，也不是找到一种解决冲突的标准模式或是赢得争吵，而是去挖掘争吵背后的丰富信息。的确，你会感到心情低落、不知所措，但研究表明，在你挖掘那些表面现象背后的内涵时，你们的关系将大大受益。

一项新近的婚恋研究证明，在交往初期有过真实、愤怒的争吵的伴侣，后来往往会更加幸福。社会心理学研究者詹姆斯·麦克纳尔蒂（James McNulty）发现，"愤怒而诚实的沟通带来的短暂不适感"反而有益于感情的长期稳定。你将会发现，亲密关系比你想象中更强大，它能经受住争吵这个炸药桶的考验。更重要的是，这些激烈的交流能激发你的洞察力和理解力，有助于促进你们深化关系。还有研究表明，伴侣关系中早期发生的争吵，能帮助他们清除一些可能破坏长期关系的隐患。婚姻问题专家约翰·戈特曼（John Gottman）的研究显示，伴侣在交往早期的争吵中经历的"暂时性痛苦"，从长远来看，对他们的关系是有益的。有趣的是，交往初期和平相处的那些伴侣，表示自己比争吵的伴侣更幸福，但当研究者在3年后回访时，他们却更有可能已经分手或处于分手边缘。而解决了问题的伴侣则更有可能保持稳定的关系。

你在阅读本书时，会看到有一些伴侣吵得不可开交，让你觉得他们迟早会分手。但你会发现，他们早期尽管关系看起来一团糟，却是在为了相互理解而努力。他们的关系终将提升到一个更高的水平。

生活＝冲突

所以，我们不该自欺欺人，而是应该看清现实。每个人都处于矛盾冲突之中，无一例外。我们处于生活的洪流中，冲突是不得不面对的，就像人们在跳舞时各有节奏，难免会踩到对方的脚一样。为了获得真正良好的关系，我们需要相互碰撞。如果你的伴侣想看动作片，而你想看爱情片，却没有明说过自己的想法，陪对方去看了动作片，这就产生了冲突。如果你的伴侣习惯省钱，你凡事大手大脚，而你俩都对对方的金钱观保持沉默，这也是一种冲突。但凡你们的意愿、意见或观点出现了分歧，冲突就会出现。冲突频繁上演，无处不在。如果处理得当，它们能让你们的关系更为密切；而如果不愿面对，或采用了无效的方法，它们则会加深你们之间的隔阂。

进化生物学家伊丽莎白·萨图里斯（Elisabet Sahtouris）指出，冲突是生命的一部分，从细胞层面就开始了。细胞分裂的过程被称为"有丝分裂"，这是一个在出现冲突和解决冲突中循环往复的过程。从第一个细胞开始，最初的整体被打破，一分为二，相互争夺资源，冲突产生，直到形成一个新的整体，或达到和谐状态。然后细胞再次分裂，产生新的冲突，争夺可用资源，直到再次形成新的整体。细胞就这样开始了从整体到冲突，再到分裂，进而达到和谐的循环。与此相似，你们的关系也是一个持续成长的有机体，处于冲突与和谐的交替之中。为了维持发展，你们的关系也需要不断地分裂和重组。

家庭系统理论家默里·鲍恩（Murray Bowen）认为，一方面，我们都有着某种相反却同样强烈的渴望，希望与对方达到亲密无间的状态；而另一方面，我们想要分离，想拥有自己的个性，也就是他所说的"差异化"。你将学会尊重、接受并有力地整合这些本能渴望。你将看到，针对这些本能进行沟通的行为，在建立起健康、亲密的关系中发挥了多大的作用，而同时，你们仍能保持强烈的自我意识。你还将看到，如果你们两人对亲密无间还是保持个性有着截然相反的渴望，且没有达成共识，就会陷入争吵的死循环，或完全避免提起这个话题。

冲突是为了生存

进化科学表明，无论是史前还是近代时期，正是我们与他人的联系使我们得以存活。对早期的人类而言，与他人建立关系能够增强狩猎和收集食物的能力，还能提供一种保护，让其免受肉食动物的伤害。建立联系并不是一件奢侈的事，而是生存的必要条件。可见，进化的过程将生存和人际关系紧密联系在了一起。神经学家发现，社交上的恐惧和伤痛常常源自失去或害怕失去爱人的心理，而产生这些感觉的中枢恰好连接到大脑中产生痛觉的区域，这也就是我们对恐惧和痛苦的感受会如此发自肺腑而又深刻的原因。我们与爱人的关系受到威胁，或是失去一段关系的事实，会在我们心底激起一种原始的恐惧。我们会无意识地觉得生存受到了威胁，条件反射般地争吵、逃离或是感到浑身冰冷。

你会发现，一些伴侣出自本能地避免争吵，是一种无意识的行为，建立在进化过程中发展出的合理恐惧感之上。你还会看到另一些伴侣激烈、频繁地大声争吵，对他们而言，这些反应同样是无意识的，这就是他们真实的样子。

在下一节中，我们的研究将集中在一对伴侣身上。我们将近距离观察这对陷入了混乱爱情的伴侣，他们维持着一种怪异的、令人精疲力竭的和平状态。

在悬崖边缘挣扎

为什么有些伴侣会想方设法避免争吵，甚至公开表示反对争吵？对两性间的争吵、双方扮演的角色以及争吵的后果，许多人有着错误的认知。他们可能在成长的过程中目睹了父母之间可怕、激烈的争吵，或是受到了好莱坞式浪漫观念的诱惑。他们深深陶醉于一种不现实的浪漫理想,在他们理想的关系中,不友善的字眼从不会出现,激情永远不会褪去,而他们也将从此过上幸福的生活。下面这个故事中的主人公,就是一对试图遮掩一切冲突的伴侣。

当时,道格和迪宁正处于离婚边缘。像许多夫妇一样,他们认为在一起多年后,彼此已经不再相爱。这是一种常见的错误想法。于是,起初充满希望的伴侣关系,如今变成了貌合神离的不良相处模式。

现在,迪宁将生平第一次面对独自一人的生活。她需要为自己找的公寓支付押金。这是她大学毕业以来第一次在没有道格的情况下生活。她很害怕,但她觉得自己已经做好迎接挑战的准备了,这总比忍受道格惹人不快的样子要好多了。道格常常面无表情,消极应对,令人火大。迪宁早就下定决心,永远不要跟他生孩子。

道格深感绝望,这不仅是因为受了伤,落得孤身一人。他还整天陷在心烦意乱的情绪中,导致工作出错,失去了潜在的合作伙伴。他处处碰壁。

如同许多曾经深深相爱的伴侣那样,他们决定在结束这段关系前做出最后的努力。他们开始与我们合作,学着重新建立亲密关系。迪宁意识到,她以前一直努力维持婚姻的"良好"状态,实际上却是在隐瞒真实的自己。她的自我、判断乃至心愿和欲望,她都没有向道格表达过。由于没有表现出自己真实的想法和需求,她越发感到不满和不快乐,直到最终决定分居。而道格意识到,他没有主动争取过自己想要的结果,也没有寻求应有的支持或鼓励。他没有为了维护这段关系而去挑战自己或迪宁的既定认知。

这对伴侣意识到,他们陷入了两种类型的争吵中。第一种是隐蔽版的"你变了/你不会改的"型争吵。

迪宁抱怨说,道格不再深爱她了,她不知道他原来是不是假装的。这种想法如鲠在喉。迪宁非常不解，道格为什么就不能像过去那样对她。她会问道格一些关于满足感的问题，希望他能对他们的关系表现出一丝关心，但他总是说他"觉得现在这样挺好的"。尽管她怒火中烧，经常濒临爆发，但她还是试图避免产生冲突，因为这会让她回想起父母曾经的"可怕"争吵。

> **是否似曾相识**
>
> 你是否对这种无言的争吵感到熟悉？你是否也确信，你的伴侣和恋爱初期的他/她相比仿佛变了一个人？你是否觉得自己与爱人渐行渐远，越来越像陌生人？你是否在内心感到怒不可遏，却试图保持冷静，希望你们的关系能在一定程度上回归"正常"？如果是的话，你很可能在隐藏自己的不安情绪，逃避冲突，或者已经有了一些消极的攻击行为，比如"有话不说"型争吵。

如果你采取了和迪宁同样的态度，不愿就对方是否变了展开争吵，你会感觉受到了背叛。这种感觉将挥之不散，继而毒害你们的关系。

唯有积极面对，才能解决问题。但是"你变了/你不会改的"型争吵确实不好对付，因为它们是爱情混乱本质的一种体现。

如果我们只需要担心一种争吵类型，相爱就不会那么麻烦了。不幸的是，我们经常陷入许多不同类型的争吵中。就比如道格和迪宁，他们在隐晦地表达自己的不满时，还掺杂着"有话不说"型争吵。比如，迪宁觉得如果自己拒绝做道格喜欢吃的菜，道格就能明白她在因为他不做家务而生气了。伴侣双方都把意见藏在心里，认为"他/她应该能看出我的意思"，但情况从未如你所愿，你们都无法真正理解对方的心思。冷战既不能解决问题，也无法加深你们的关系。

你们需要开诚布公地把冷战的原因展现给对方，这一点至关重要。

道格和迪宁像多数陷入这种斗争的伴侣一样，只不过是因为社交情商不足。然而，随着时间推移，实践经验累积，他们学会了表达自己的情感（通过比"有话不说"更好的方式），更坦诚地与对方交流。在意识到自己在工作中也同样拐弯抹角，两个人都没有成长，在专业领域内也停滞不前时，他们开始明白自己的错误。他们都感觉陷入了困境。而当他们开始理解自己消极、隐蔽的争吵背后的动机时，他们将看到这种模式如何使自己陷入了泥淖，而这种模式也并不会因为他们离开对方而消失。

如果他们没有意识到对彼此的伤害和怨恨，这些消极情绪将逐渐累积、恶化，让他们想要分手。但是后来，他们懂得了该如何认识这些互相伤害的行为，它们来源于未得到满足的需求。就像孩子们在海滩上踮着脚尖进入冰冷的水中那样，他们开始试探性地进行一些沟通，来表达自己的需要，以及探讨对方能如何满足这些需求。这并非易事，因为他们要从消极冲突中挣脱出来，将过往模式转变为激烈的唇枪舌剑。但他们也因此开始交流与互相肯定了。这些争吵帮助他们建立了联系。学会如何负责地进行沟通之后，他们就能弥补过去遗留的很多伤痛，最终能在争吵之后迅速冷静下来，真正达到风平浪静、紧密联系的状态，并把注意力集中到真正重要的事情上。

这对伴侣开始突破自我，摆脱过去停滞不前的状态，拥抱全新的体验，欣然接受改变。紧接着，他们在工作中也取得了突破，因为他们重新认识了对方，并产生了更深层次的亲密感，他们的感情甚至比刚相爱时还要深。在这一成长过程中，迪宁和道格进行了适当而激烈的争吵，他们沟通、自我认知和互相信任的水平都在不断提升。在深入了解自己潜意识中的思维模式后，他们才意识到，他们认为人都是脆弱的，所以误以为争吵会破坏关系。

在与我们合作的过程中，他们开始意识到，自己过去是如何逃避不愉快的话题和表达感受的。对彼此的信任加深后，他们发现自己其实很喜欢分歧为关系注入的活力。他们还获得了一种全新的视角，能够预见他们的关系将如何发展。

如果所有的亲密关系都能像道格和迪宁的那样，我们就可以创造一种固定模式来挖掘出争吵的本质，从而获得幸福。但毫无疑问，你也明白，人际关系是非常复杂的，不同的伴侣有不同的避免或激发争吵的方式。尽管我们在第二部分中介绍的技巧对争吵类型不同的伴侣而言都适用，但你仍需要知道自己与伴侣的争吵属于哪种类型，或者用了哪种否定、消极的冲突方式。

这种自我意识至关重要，因为只有理解了自己在冲突出现时产生的复杂情绪和行为方式，你们才能理清关系中的具体矛盾。我们介绍道格和迪宁曾经逃避争吵的经历，正是为了帮助你理解这一点。现在，我们想为你介绍另一对伴侣，他们一直在争吵，但使用了错误的方式。

科林和伊迪是相爱的，但双方都承认，伊迪的暴脾气导致他们争吵不断。伊迪屡屡发起攻势，而科林则会采取防卫手段或干脆逃避，他坚信这类做法更明智。科林喜欢伊迪活力四射，伊迪则爱他稳重如山，但他们都不确定这段关系是不是彼此的最佳选择。尽管他们无法想象与对方分手，却也不敢做出自己可能无法兑现的承诺。他们与朋友讨论这种犹豫不决的情况，认为这段关系充满了消极因素。一个朋友对他们这种优柔寡断的态度感到厌烦，让他们"不行就分手算了"，并把他们介绍给了我们。他们意识到，自己需要帮助。毕竟他们都不愿看到自己的婚姻像父母那样，以离婚和暴力行为收场。

科林和伊迪告诉我们，尖叫、扔东西和跺脚离开的情景在他们的关系中随处可见。科林批评伊迪感情用事，回避事实，做家务不认真，而伊迪则被科林"死板的生活方式"和"高高在上的优越感"深深激怒。他们的争吵属于经典的"推卸责任"和"你骗了我"类型，细分下去，还属于"推卸责任"中更少见的指责对方头脑不正常的类别。

当伊迪没完没了地抱怨科林时,科林会冲她大喊:"你疯了吗!"科林把伊迪的不满归咎于她"疯了",而伊迪则认为一切都怪科林。

科林是我们看到的第一个陷入"推卸责任"型争吵的人,这意味着他困在了心理学家斯蒂夫·卡普曼(Stephen Karpman)所说的"戏剧三角形"(drama triangle)中。在这种人际模式里,人们通过扮演三种角色——受害者、施救者与迫害者,间接地满足自己在人际方面的需要,同时回避谈论自己应负的责任。伊迪扮演的便是迫害者的角色,直到科林展开报复,用伤人的口吻说她"疯了"。然后,他便从受害者变成了迫害者。起初,科林是一名具有施救的象征意义的白衣骑士,承受了所有不满的指责;伊迪则是被拯救的受害者,而由于科林没能"让她幸福",她便顺理成章地成了他的迫害者。这听起来很熟悉吧?因为几乎每部肥皂剧都建立在这三种角色之上。这个理论或许还能解释我们为什么会沉迷其中——因为它们就是我们心理过程的具体展现。

由于人类总是试图间接地满足渴望,这些戏剧性的故事在无休止的不满情绪中反复上演,却从来没有让关系得到真正的改变,甚至常常导致其恶化。出路在哪里?科林和伊迪开始对自己的经历采取负责的态度。这意味着他们开始认识到,双方都有一种更深层次的渴望,想要有担当、用心地进行沟通。他们一旦发现隐藏在对过错的职责和受害者感背后的真实,就能将解决问题的方法提升到新高度,并取得积极有效的结果。

像许多伴侣一样,科林和伊迪之间也不只存在一种争吵类型。除了"推卸责任",他们还发生过"你骗了我"型争吵。隐瞒、撒谎和不守承诺等不诚实的行为常常会令对方感到痛苦,甚至导致激烈争吵。伊迪觉得科林隐瞒了他的缺点,而科林常常因为伊迪不告诉他事情的全部、回避重点而感到恼火。

　　科林和伊迪都觉得对方背叛了自己，他们互相指责，直到双方都意识到这些感受出现的根源。科林的父亲对伴侣不忠，伊迪的家人经常欠钱不还，这些都导致他们常常有受到背叛的不安感。当科林和伊迪意识到了这些，同时发现了其他一些事实后，他们开始在自己身上找原因，不再一味责怪对方了。争吵成了他们深入了解自己和对方、增进感情的起点，他们还开始探究信任为什么会缺失，以及如何重建。

　　科林在审视他们关系的基础时，意识到自己喜欢伊迪野性的一面，以及她是如何把他从紧张的原生家庭中解放出来的。反过来，伊迪也发现自己渴望科林给她的踏实感，他可靠、正派，与伊迪原生家庭漂泊不定的特性和经济的不稳定形成了鲜明的对比。通过开展更有效的争吵，他们变得越来越像对方。伊迪越发稳重，科林也更加率真、风趣了。最重要的是，他们都学会了全面表达自己的感受，并通过分歧拉近了彼此的关系。在那以后的几年里，他们赋予彼此力量，成就了最好的对方。科林在一家发展迅速的公司里成了一名出色的高管，伊迪则重返校园，后来成为一名获得国家级奖项的设计师，经营起了自己的事业。

如何处理矛盾

　　你是否像道格和迪宁那样，对争吵采取回避态度？还是像科林和伊迪那么情绪化，永远在进行着有损你们关系的争吵，却从没能获得实质性的进展？还是介于这两者之间？又或者，你们中一方喜欢回避冲突，而另一方却非常易怒？争吵的风格并不是单一的，所以，你们可能同时具有多种不同的特征。通过下面这个测试，你能得知你们目前的争吵风格具有哪些特点。

回想一下你们最近几次涉及争吵、冲突或不满的情况。下列选项中的哪些描述符合你争吵（或回避争吵）的态度？请勾选出每个符合你或你伴侣习惯行为的选项。

	我	伴侣
1. 大喊大叫	☐	☐
2. 虽然愤怒，但也不忘展现幽默或同情	☐	☐
3. 疏远对方	☐	☐
4. 认真倾听对方说话，尽力理解他/她的想法	☐	☐
5. 沉默不语	☐	☐
6. 侮辱对方（人身攻击、冷嘲热讽、恶意取笑、恶意模仿）	☐	☐
7. 转移话题	☐	☐
8. 实话实说	☐	☐
9. 争强好胜	☐	☐
10. 喜欢翻旧账	☐	☐
11. 尝试解决冲突	☐	☐
12. 表达自己的感受	☐	☐
13. 确认对方的观点（让对方知道我能理解他/她的想法）	☐	☐
14. 不争辩，但拒不认输，冷淡以对，居高临下	☐	☐
15. 会去探寻自己真正的担忧，并表达出来	☐	☐
16. 试图掌握话语权，一定要说完最后一个字，但不认真倾听对方的想法	☐	☐
17. 蔑视对方（抨击，使用带敌意的措辞、语气或手势，翻白眼，讥笑，等等）	☐	☐
18. 了解对方的真实处境，理解他/她的感受	☐	☐
19. 争吵不断升级，无法解决	☐	☐
20. 在讨论或争吵的过程中走开	☐	☐
21. 进行反击	☐	☐
22. 采取防御态度（找借口，反过来抱怨对方，不同意对方观点并进行反击，说"是的，但是……"）	☐	☐

续表

	我	伴侣
23. 认输	☐	☐
24. 吵得不够投入	☐	☐
25. 承认自己在争吵中的责任	☐	☐
26. 声音越来越小（或变成小声嘀咕）	☐	☐
27. 回避争吵	☐	☐

得分

　　如果你勾选了1、6、9、10、16、17、19、21和22，说明你们之间存在破坏性的争吵行为。你们的关系之所以会受到破坏，是因为你们争吵的风格不对，而与争吵本身无关。敌意、蔑视和防御态度不仅无助于问题的解决，还会增加憎恶和距离感。你们吵起来这件事（比如大喊大叫）本身并不是问题，而是你们争强好胜和蔑视对方的程度将彼此推远。其实，如果你学会在愤怒中加入一些幽默感或同理心，你们的争吵就会变得更有建设性。

　　如果你勾选了3、5、7、14、20、23、24、26和27，说明你或你的伴侣有回避性的争吵行为。你们的争吵风格是逃避、退缩、抵制的，这同样会破坏你们的关系。逃避争吵无法让问题得到解决，只会滋生怨恨，真实的情感和需求未能浮现出来，距离和不信任感由此产生。你可能在试图避免争吵带来的紧张气氛和沮丧感，但退缩意味着你不愿为你们的关系承担责任，也不愿着手解决问题。如果你们中一方采取回避态度，而另一方想进行建设性的争吵，问题就更严重了——一方想要解决问题，另一方却想逃避问题。

　　如果你勾选了2、4、8、11、12、13、15、18和25，说明你懂得进行建设性的争吵。你能表达自己的感觉和意愿，也能认真观察和聆听对方的观点和感受。你更具备解决冲突的能力。你可能会与伴侣激烈、大声地争吵，但通常能够通过幽默、有爱的积极态度来解决问题。

无论你是否明确倾向于一种争吵类型，你勾选的每种具有破坏性或回避性的争吵方式，都可以成为让你们的争吵更具建设性的契机。

令人惊讶的是，会进行激烈争吵的伴侣并不是对关系破坏力最强的类型。最危险的模式是一方积极参与，想要解决问题，另一方却想逃避。这种争吵者和逃避者的结合，大大降低了婚姻长期存续的可能性，更不用说在婚姻中获得满足感了。

无论你属于哪种争吵风格，你都将在接下来的章节中学到更多关于这些模式的知识，了解它们的根源何在，还将知道自己需要用到哪些争吵技巧来获得幸福。

放下姿态、撕掉伪装的好处

正如你从科林和伊迪、道格和迪宁的两段故事中看到的那样，实现一段美满关系的过程并非一蹴而就、轻而易举。就如同爱情本身，这个过程也充满了不确定、反复和不可预测性。你需要主动学习如何正确地争吵，而就像这两对伴侣的经历体现的那样，这意味着你们要用诚实、具有批判性的方式沟通，这有时还会让你们感到痛苦。但我们可以保证，你获得的回报将多于你付出的努力。为幸福而争吵，直至揭穿争吵的本质，往往能让你们收获亲密、快乐甚至更美好的成果，而你和你的伴侣将共享这些成果。

具体来说，如果你学会了为幸福而争吵，明白爱情本就充满了矛盾冲突，承认爱情的现实并积极投入，那么你将得到种种好处。

第一，当你对自己有了更清醒的认识，并有意识地发展自己在亲密关系中的争吵技能时，你们的关系将变得更加稳固，进而将在一种富有活力和适应力的关系中学习、成长。你会明白，如何才能治愈亲密关系中产生的伤痛，并尝试建立关系的新方法。

第二，当你们在争吵中解决了问题，就能拥有敢于表达并理解对方的生活。更妙的是，在这样解决冲突的过程中，你将体验到真正的亲密感。就像战士一样，当你们共同经历过战斗并幸存，你们之间的纽带就会加强。你会知道，为什么有些事对你的伴侣而言那么重要，而在过去你从未真正理解这些——比如他为什么如此执着于准时，而为什么做不完某些事会让他爆发（在他成长的家庭中，人人都习惯迟到，总是耽误重要的事，所以他会在因为你不抓紧时间而导致你们迟到的时候大发雷霆）。

第三，你会变得更有同情心，学会赞美你所爱的人。这不仅关乎对彼此的理解，更代表了"感受"这个人本身——是什么让她这样做，又是什么在困扰他。在这个过程中，你们都会比过去更诚实、更直接地表达自己的感受。你们都会同等地感受到对方受到的伤害。这是一种触电般的情感体验。当冲突发生，你们会更多地参与到其中，也会更多地与对方分享内心。你们可能会花更长的时间来解决冲突，但花费的时间将加深并拓展你们的关系。

第四，你将学会用一种前所未有的方式去信任自己和伴侣。你们都会明白，自己比想象中更为坚韧，而对方也并没有看起来那么脆弱。你将不再小心翼翼地回避某些话题，也不会再声嘶力竭地表达自己的想法。当一种更强大的信任感在你们之间形成，你将意识到任何言语争吵对你们而言都是小菜一碟，你们的关系也将觉醒并茁壮成长。如此一来，你们便能更全面地思考这些问题，发现争吵是如何对你们的关系产生影响的。

同时，你将获得一个极佳的视角，能看到一些观念错在哪里，明白它们如何导致很多伴侣无法好好开展有利于增进关系的争吵。你将发现，人们之所以会回避有利于加深感情的争吵，是因为他们对一些有着真理光环实则会破坏他们关系的观念深信不疑。

第3章 没有一劳永逸的幸福

让童话成为过去，从此为真爱而战

我们过去了解的关于爱情的种种，没有哪一样是真理。我们被灌输的观念，从童话故事到祖母辈的建议，甚至包括一些来自专业人士的意见，实际上都收效甚微，在很多情况下甚至是有害的。

在童话故事中，白马王子骑着雪白的骏马，踏上寻找美丽公主的征程。历经艰险之后，王子救出公主，两人骑马步入夕阳，从此过上了幸福的生活——在这类故事中，爱能战胜一切。有了公主的亲吻，青蛙能变成王子；得到美女的爱之后，野兽也能被拯救；而只要拥有足够的爱与支持，原本为家务琐事而困的灰姑娘也能变成王妃。

这些关于爱情的神话都错得离谱。它们建立在一种强大的文化观念之上，而这种文化深深扎根于我们的潜意识里，影响着我们与伴侣的关系。我们发现自己的生活与童话故事截然不同、潜意识中的美妙期望破灭时，便会感到失望、痛苦、愤怒、绝望，进而产生各种争吵。

何况，影响我们的还不仅有童话故事。影视剧、心理学概念、流行歌曲、言情小说等各种文化元素，都像炮火般冲击着我们，接连不断地造成或加深了关于爱情的各种误解——妓女被刻画为率直、真诚的形象，能嫁给亿万富翁；女工邂逅了英俊军官，被从魔窟般的工厂中解救出来。类似的浪漫故事一遍遍在我们眼前上演。所有这些，外加相互矛盾的专业建议、老人们口口相传的故事以及现实生活中的不良示例，都向我们灌输了错误的信息，提供了错误的指引，有些甚至是明晃晃的谎言。

亲密关系的真相

你的爱情观		
1. 恋爱的目的是让生活变得更快乐。	是	否
2. 和对的人在一起才更快乐。	是	否
3. 真正的爱意味着对方接受你真实的样子。	是	否
4. 对你而言,对方按你喜欢的方式改变很重要。	是	否
5. 找到灵魂伴侣,就能拥有最好的爱情。	是	否
6. 你能感觉到谁才是那个对的人。	是	否
7. 只要遇到了合适的人,问题都会迎刃而解。	是	否
8. 如果一段感情走得太艰难,很可能是因为遇到的人不对。	是	否
9. 在一段关系中,双方的化学反应很重要。	是	否
10. 在一段关系中,吸引力很重要。	是	否
11. 如果出现不和谐与冲突,就说明两个人不合适。	是	否
12. 在一段关系中,双方有很多共同点、保持一致很重要。	是	否
13. 在亲密关系里,只有和谐共处与势不两立两种情况。	是	否
14. 拥有成功关系的关键在于,一开始就找到一个合适的伴侣。	是	否
15. 开始就不完美的关系必定没有好结果。	是	否
16. 只要有爱就够了。	是	否
17. 如果是真爱,就应该无往不利。	是	否
18. 对方应该主动。	是	否
19. "激情消退"是爱情即将消失的信号。	是	否
20. 如果你失恋了,就意味着这段关系是错误的。	是	否

得分

计算你选"是"的数量。如果你选择了"是",就说明你受到了错误观念的影响。这些都是对亲密关系的常见误解,它们妨碍了你们加深关系,让你们无法拥有长久、满足、充实、亲密的关系。你的选择中,

"是"相对"否"的比例越高,误解就越多。继续读下去,你会明白长久而充实的感情究竟是什么样的。

关于爱情的迷思

永远不要低估迷思的力量,它们足以摧毁一段感情。很多迷思属于渗透进社会文化、已经被浪漫化的潜在信念,它们通过童谣、童话、电影和其他小说代代相传,虽然大错特错,但在普罗大众的潜意识中根深蒂固。研究表明,在78%的受访者的爱情观中,存在着灰姑娘和类似童话故事的因素,这会导致他们产生不必要的幻灭感和焦虑,甚至会破坏他们的关系。

而那些普通的迷思可能不像源自文化的信念那样,会在我们的潜意识中发挥重大影响,但它们同样不容小觑。这些观念伪装成真理,通过各种方式影响着我们在亲密关系中的行为和表现。

上述二者都是幸福关系的障碍,它们会导致我们在关系中犯错,比如回避潜在的有意义冲突("我觉得吵架不好,我们应该和睦相处")。它们还可能让我们发生破坏关系的争吵,却无法解决问题,一味觉得是这段关系或对方身上存在问题("我没错,是她不对")。只有在认识到这些观念的错误性并消除这些误解之后,我们才能行之有效地合理争吵。大多数伴侣都不会"从此过上了幸福的生活",几乎有一半的婚姻会以离婚告终。我们应该注意到,我们坚持不懈地追求着老旧的关系模式,于是,一对对满怀希望的伴侣爱上彼此,但只有极少数人能够拥有幸福的结局。

这种模式的问题在哪里呢?我们试图去实现一种理想中的关系,但这不仅不可取,而且完全不可能!"从此过上了幸福的生活"暗含着一层意思,即以一种不受任何检验、不经过大脑、始终维持原状的方式生活。而我们认为，重要的并不是从此过上"幸福的生活"，而是过上"感情越来越深的生活"。

如果"从此过上了幸福的生活"，就不能再出现任何困难时刻。这种认知促使我们回避问题，以防止烦恼和矛盾的出现。我们还担心，出现争吵就意味着我们的选择是错误的。我们试图活在理想的状态中，不愿置身混乱的感情里，可后者才是充实的现实生活。我们避免争吵，变得谨慎、不坦诚甚至互相欺骗。我们在表达时有所隐瞒，觉得这样就能保持"友好"。而一旦我们不再那么"友好"，和平的假象被打破，我们就不知道该如何有效地进行争吵。

如果我们真的开始争吵，这些过程中常常会有一种挥之不去的绝望感。我们担心，自己是不是犯了个错误，跟错误的人建立了关系，或者更糟，跟一个怪物在一起了。这种"从此过上了幸福生活"的假想会让我们幻想出一种不真实的肤浅关系，而当现实的日常生活跟我们幻想中的情景不相符时，我们就会产生愤怒和心痛的感觉。这些美梦和幻想扼杀了我们的关系，导致冲突无法得到解决，幻想破灭，甚至让我们走向分手的结局。

如果你只是希望你们"从此过上了幸福的生活"，那么你想要的还不够多。这种结局忽略了很多有意义的瞬间——从轻抚爱人脸颊时温暖的肌肤带给你的细微快乐，到你害怕、受伤或沉浸在喜悦的泪水中时感受到的慰藉。在这种假设中，你不能对一些不公平的事义愤填膺，也不能为失去了什么而感到悲伤。这种假设还忽略了一点——你们在努力解决了冲突、痛苦时得到对方安慰，以及告诉对方你为何受伤或恐惧，与对方建立信任的过程中加深的亲密。

那么，你能做些什么呢？你可以学着抛开童话故事，去过"感情越来越深的生活"，即便这意味着你要经历愤怒，还要眼睁睁看着童话中的王子变成青蛙。

进入森林

经常有伴侣找到我们,说想要获得幸福,但他们的幸福观却和童话故事的结局一样——这种把未来建立在过去的幸福和生理欲望上的观念是不切实际的。他们对幸福的模糊不清的渴望,其实是因为在潜意识里想要避免所有不适,不愿面对生活中不断增长的痛苦。他们经常和伴侣争吵,于是便认为自己的关系中存在问题,或是觉得不再与对方相爱了,或是认为自己对其他人产生了好感。他们感到害怕。在他们眼里,这些正常的问题意味着故事已经结束,感情走到终点,不可能再继续下去,因为这些经历与他们想象出来的虚幻"幸福"有出入。

当我们告诉这些伴侣,其实他们走在正常的轨道上,这些幻想破灭和争吵的过程都是建立成功、真实的关系必须经历的事时,他们都感到很震惊。他们正处在通往幸福的道路上,然而,他们必须进入未知的荒野,面对种种不确定性,解开迷思施下的魔咒,帮助关系成长。史蒂芬·松德海姆(Stephen Sondheim)的音乐剧《拜访森林》(Into the Woods)完美诠释了这一点。

这部音乐剧的第一幕创造性地把多个童话故事串联在了一起:《灰姑娘》《长发公主》《小红帽》《杰克与豆茎》。在第一幕中,童话故事的走向都符合我们的预期:杰克在爬上豆茎后发现了巨大的财富,灰姑娘嫁给了王子,长发公主被从塔中救了出来,小红帽从大灰狼的口中逃脱,他们的愿望全都实现了。这一幕上演的都是"从此过上了幸福生活"的故事。

第二幕紧随第一幕中圆满的结局出现,以一种梦幻般的情景开场。令我们惊讶的是,每个角色都有所不满,希望得到别的东西。灰姑娘感到空虚,想通过策划一个节日来寻找一些意义。她对白马王子的幻想破灭了。王子对她和她的欲望感到厌倦,希望自己当初追求的是睡美人。长发公主刚成为母亲时,婴儿唤起了她那邪恶女巫母亲带给她的残酷经历,而她的王子对她感到恐惧,他也渐渐疏远了这个情绪化、歇斯底里的女人。而小红帽更是对祖母的死深感绝望。他们都漫无目的地在森林里游荡,那里潜伏着某种可怕的原始力量。

情节变得混乱,叙述者死去,这意味着他们不再是童话故事里的人物,必须续写自己的故事。这便是剧中关键的转折点,因为他们被留在了未知的世界,只能依赖自己和对方。

更重要的是,这是决定伴侣们命运的关键时刻。到了这个时候,他们抛开了关于爱情的迷思,可以自由进入自己感情、信念和潜意识中的黑暗森林。直到这时,他们才能了解自己和彼此。没有了这些观念,他们不必再假装一切都很好,可以好好进行有助成长的争吵了。他们不必再为维持完美关系而烦恼,而是能够表达自己的真实感受,并为自己的信念据理力争。就这样,他们开始谱写自己的爱情故事,摆脱了爱情要如田园诗般快乐、祥和的迷思,创造出有意义、有益且真实的亲密关系。我们曾指出,这种关系比"幸福生活"要复杂得多,但可以帮助我们创造出深刻、有内涵而又真实的生活。

《拜访森林》的灵感来源于儿童心理学家和研究者布鲁诺·贝特尔海姆(Bruno Bettelheim)。他提出了一个反常识的观点:把怪物、抛弃、死亡、女巫、伤害和黑暗从童话故事中统统抽离掉,其实会让孩子失去深刻体会生活的绝佳机会,实际上,这种体验能帮助他们克服今后将在生活中遇到的恐惧和难题,并培养他们对生活意义和目的的感知。

音乐剧中的角色在抗拒现实的反应之后,终将面对生活的残酷真相。灰姑娘在没有王子的情况下,探寻到了人生真谛。小红帽意识到,没有了母亲和祖母,她必须长大成人,独自面对生活。杰克也意识到,失去母亲后,他必须在没有家人的情况下规划自己的人生。为幸福而战的伴侣,每个人都要经历这样的征程——他们必须进入森林,从而看清童话故事的结局和关于家庭的迷思。

还有一些伴侣喜欢看美化爱情的小说,这种情况也一样。书中的情节都是遇到"真命天子"或"命中注定的女人",步入婚姻殿堂,从此过上幸福的生活。但这些故事都应该做些改编。他们必须步入黑暗,面对未知,然后成功地解决生活中的冲突矛盾。

我们中的很多人抗拒必要的森林之旅,却执着于虚幻的解决方案。当冲突不可避免地出现时,我们就认为是哪里出了问题,要么需要找到一个更好的伴侣,要么这段关系注定就是失败的。在解决关系中的冲突和挑战时,很少有现成的模式或故事能帮助我们解决自己面对的问题。没有人会告诉我们,进入森林的道路和过程是怎样的,如何能够击败其中潜伏的黑暗力量,以及如何培养自己的性格、认识自己的本质。而正是在森林中,我们才能建立起深厚的感情,感知到亲密关系的意义和目的。

现在,你将学习获得幸福的技巧和过程,在你进入森林的时候,它们会帮助你开辟自己的路径,你将在那里冒险,建立起成熟、真正快乐、负责任的生活方式。当你这样做的时候,你会变得更加独立,也将拥有并提升获得亲密关系的能力,进化为独立自主的成熟伴侣。

我们将帮助你安全地开启新的征程,在探寻前路时为你提供指引。在那里,你会看到并接受自己曾经想要隐藏的部分,也将在伴侣身上发现更多迷人之处,并体验到未曾想象过的亲密与幸福。我们将帮助你深入探索你们的关系,而不仅仅停留在表面。没有一种简单的方法能产生持久的效果。如果你们的争吵只停留在表面,矛盾将无法得到解决。想想看,我们有多少次震惊地听到所谓"模范伴侣"分手的消息。他们表面看起来很好,但根本性的问题从未得到解决。仅在表面上解决问题就好比在"泰坦尼克"号的甲板上重新摆放躺椅,船下沉的时候,甲板上看起来一切正常。

对伴侣们来说,放弃舒服的童话式解决方案往往是一件很困难的事情,但就像下面莱利和吉娜的故事那样,这种不适是值得的。他们用现实的情感摩擦和真正的亲密感,代替了"从此过上了幸福生活"的虚幻神话。面对这些不适感，他们用动态的眼光重新建立起了彼此间的关系，这些方式也令他们深感满意，比神话带给他们的表面快乐更令人满足，也更有成效。下面就是他们的故事。故事的开场是一种童话般的虚幻生活，仿佛他们就是童话里的主人公。

吉娜和莱利生活在"从此过上了幸福生活"的童话中。吉娜是美丽的公主，嫁给了英俊的白马王子莱利。他们是一对"理想"伴侣，拥有一切：完美的房子，完美的服饰，以及起初完美的家庭。但是就像许多童话故事一样，这个表象之下掩盖着更深层的现实。

随着时间的推移，他们对彼此不再像开始时那样投入了。吉娜抱怨说，莱利的自大和距离感令她难以忍受，而莱利发现吉娜渐渐冷淡，对性生活失去了兴趣。当他们之间渐生隔阂，莱利甚至想过发展婚外情。他们陷入了"欲求不满"和"如果你真的爱我"两种类型的争吵中。他们的争吵一般从情绪爆发开始，喊着"你总是不在状态"，或"如果你真的爱我，就会想和我做爱"。莱利偶尔还会抱怨："你就是装给我看的。"

我们开始和这对伴侣合作时，他们把我们看作挽救关系的最后一根稻草。起初，他们抱着一线希望，希望我们能帮他们恢复"从此过上了幸福生活"的状态。我们很快就让他们打消了这个念头，并帮助他们发现，他们的问题正是由于他们都对这个观念深信不疑。我们帮助他们思考，这种期望的问题在哪里？——他们凭什么认为蜜月期永远不会过去？凭什么觉得因为他们是天造地设的一对便能忽略或克服所有缺陷？而又凭什么认为最初几个月的激情和投入永远不会改变？我们说过，在现实世界中，这种童话般的关系并不存在。

当莱利和吉娜意识到"从此过上了幸福生活"是多么不现实之后，他们学会了如何在对性与爱的争执中寻找有价值的信息。他们开始把他们之间的所有交流都看成性生活的一部分。他们意识到，性爱指的不仅仅是生理过程，还有一起整理床铺的时光。从购置家具到做饭，任何事都能成为他们发展亲密关系的机会。这样一来，性生活的质量也随之提升。为了做到这一点，他们重新确定了哪些活动能增进他们的关系。这在刚开始时很难，就困难的话题进行争吵会带来痛苦。他们经历了一些激烈的争吵，同时需要重新回到过去遗留的争执中，以应用这些追求幸福的技巧。当讨论和争执破坏到了他们的关系、损伤了他们的自信时，他们能意识到。

他们经历的过程就是你在接下来的章节中将要了解的，第一步是审视自己内心深处的渴望。莱利看到，自己渴望的不仅仅是性。他工作很辛苦，常常沮丧地回到家中，希望能通过做爱让自己感觉好些。吉娜渴望他能真正关注她、欣赏她，而不是只把她当作缓解紧张情绪的工具。确认内心的渴望，是他们穿越森林之旅的第一阶段。争吵仍有发生，但他们已经能够深入挖掘隐藏的问题了。

他们对自己的发现感到惊讶，惊讶于当他们以负责的方式讨论了双方基本的渴望之后，他们的亲密程度如何大大加深了，他们交流的话题已经远远超越了家务活和每周做爱次数（尽管他们性生活的数量和满意度都有所提升）。他们还惊奇地发现，在遵循第一个技巧"唤醒渴望"和第二个技巧"紧密互动"后，他们的讨论虽然偶尔令人痛苦，但也更加诚恳了。让他们感到惊讶的是，他们能在争吵中互相肯定。争吵时的诚实和责任感本身就能令人感到满意。争吵过后，他们常常会拥抱着酣然入睡，这种感觉比过去双方不同步的性爱体验更为亲密。他们还发现，无论是言语还是身体上的任何互动都变得更美好了，他们的关系也进一步加深。

这样一来，他们便进入了第三步——揭露出过去导致他们产生思维定式的一些问题，同时更全面地向对方展示真实的自己。他们进入森林，发现那些误导他们的神话很多都源自更深的原生家庭层面。处于不幸福状态中的莱利，一直想发展一段婚外情。在这种心态中，他发现了一种能追溯到上几代人的狭隘观念：他的男性长辈都认为，女性是永远无法给自己带来幸福的。吉娜发现自己也有类似的关于两性的偏见。他们双方都在学习如何给这片森林绘制地图，这有助于他们更快地解决争议。实际上，他们已经开始使用第四个技巧了：他们不再试图避免争吵，而是在未满足的渴望出现时就发动争吵。这让他们能够在争吵不是很激烈的时候就迅速解决问题，从而加深了对彼此的理解和亲密感。他们顺利地进入了真正让他们实现改变的最后阶段，大胆地迎击了他们自身和这段关系中最难对付的部分。他们仍然梦想过上童话般的生活，但对进入森林的抗拒感越来越少，彼此的关系也越来越亲密。

你相信过的童话、迷思与错误观念

你是否对这种无言的争吵感到熟悉？你是否也确信，你的伴侣和恋爱初期的他/她相比仿佛变了一个人？你是否觉得自己与伴侣渐行渐远，越来越像陌生人？你是否在内心感到怒不可遏，却试图保持冷静，希望你们的关系能在一定程度上回归"正常"？如果是的话，你很可能在隐藏自己的不安情绪，逃避冲突，或者已经有了一些消极的攻击行为，比如"有话不说"型争吵。

在爱情方面，有哪些让你深以为然的迷思吗？是否有一些童话故事，你明知是假的，却还是暗自希望它们真实存在？又是否有一些关于家庭的故事或电影，让你希望自己的生活中也能发生？

错误观念无关大小

让我们陷入误区的，不只是白马王子那类"从此过上了幸福生活"的故事。很多错误观念都会使我们在争吵中偏离正轨，导致我们对自己的关系越来越不满意。就像"从此过上了幸福生活"的童话那样，这些误区让我们对亲密关系产生了不现实甚至有害的期望，并使得我们无法掌握获得幸福的技巧。基于这些观念，我们不是选择回避冲突，就是会沉溺于永远无法真正解决问题的争吵或冷战，这些源于错误观念的处理方法对感情有害无益。

你将认识到，你们争吵的本质通常不是让你们争执不下的那个话题。你必须先了解这一点，然后才能明确真正的问题是什么，并开展能促进你们成长的有效争吵。为了达到这一目的，让我们先来看看最常见的误区有哪些，以及怎样辨别它们是否影响了你在一段关系中的行动。

误区1：我只要拥有一段关系，就会变得快乐

到目前为止，针对亲密关系的研究推翻了一种观念：亲密关系能够带来持久的快乐，是解决我们所有烦恼的灵丹妙药。虽然爱情可以在短时间内提升幸福感，但是无法带来长期的成就感和亲密感。事实上，结婚两年之后，伴侣们的幸福程度又会回到在一起之前的水平。看起来，我们的幸福程度有一个初始值，经过一段时间后，我们又回到了那一点。恋爱或结婚并不会让我们变得幸福，拥有一个伴侣也无法带给我们幸福，只有我们自己有能力改变自己的幸福水平。期望对方提高我们的幸福程度是不现实的，只会徒增失望。当我们有不切实际的想法时，就会对自己的关系抱有过多的期待。因此，当不可避免的冲突出现之时，我们常常会认为是自己犯了错误。如果我们认为这种关系理应带给我们幸福，那么等两年的快乐时光过去，关系回到幸福的起点时，我们将不堪一击。

误区2：爱意味着喜欢并接受我真实的样子

"你应该爱我真实的样子。"好吧，这在一定意义上可能是对的，但并不是全部。这种误区会使你沉迷于不求改变、循环往复的关系。科学研究表明，我们更应该爱的是我们未来可能的样子，以及我们一起努力获得的成果。显然，我们需要欣赏伴侣当下的样子，但如果想要增进彼此的感情，就应该支持对方发展理想的自我，实现自己的梦想。

研究表明，在一段感情中，一方能帮助另一方做到最好并实现梦想，便能建立理想的关系。同样，如果你们的关系能让你学到更多新事物、提升自身的水平，你们的关系也会更上一层楼。通过伴侣获得的自我提升越多——无论是通过新想法、不同的生活方式还是新奇的经历、特性、观点、知识等——人们对关系的满意度和忠诚度就会越高。

这样做的目的不仅仅是帮助对方改变，更是支持对方努力成为他/她想成为的人。卡里尔·鲁斯布尔特（Caryl Rusbult）、伊莱·J.芬克尔（Eli J. Finkel）和熊城圆（Kumashiro Madoka）将这一现象称为"米开朗基罗现象"（Michelangelo Phenomenon）——我们雕刻彼此，促使彼此为实现目标而努力。每次我们交流互动时，都可以给对方施加一种力量，让他更接近或者远离他的理想自我。我们可以帮助彼此做更好的自己。

误区3：找到"对的人"或"灵魂伴侣"才是答案

当浪漫爱情初期的光环褪去，你将会悲痛欲绝地发现，你的灵魂伴侣在任何方面都不完美。2011年的一项调查发现，73%的美国人认为他们注定会找到"对的人"，也就是真正的"灵魂伴侣"。这种观点常常伴随着一种信念——"对的关系"能解决一切问题，你们都会爱对方真实的样子，相信自己能拥有浪漫的未来。

真相又是怎样的呢？1998年一项针对亲密关系的研究表明，相信并去寻找灵魂伴侣，实际上会让你更难获得你寻求的亲密关系！寻找灵魂伴侣的行为实际上是在合理化一种潜意识中的幻想。这些人是在追寻积极的情感反应——化学反应或相容性——这些也是关于爱情的谬论。他们认为，两个人之间要么合得来，要么合不来。研究表明，坚信存在灵魂伴侣的人起初会对伴侣充满激情，尤其是一切和谐、顺利的时候。但当问题不可避免地出现时，他们便会认为这意味着彼此不是"命中注定的人"，所以他们不去尝试解决问题，往往过早地结束了原本有希望的关系。

他们没有为幸福而战，却把更多的精力花在了焦虑上。另外也有统计数字显示，他们更没可能原谅对方，也更难看到共同学习、成长的可能性。当一段关系不尽如人意的时候，他们更可能选择放弃，重新开始寻找"对的人"，或让自己陷入不快乐的状态。这种做法往往会导致一些热烈而短暂的恋情和一夜情，但并非令人满意的长期关系。

与此相反，那些相信关系需要培养的人，寻找的是能与他们共同学习、成长的人，他们会在冲突出现时积极解决，为自己和彼此的关系而努力。他们相信，即便是在困难的时期和情况下，只要付出努力，关系就能得到发展、成长和深化。与寻找灵魂伴侣的人相比，他们在初期对伴侣的激情和满足感可能更少，也可能根本就没有那么愉快的开始。事实上，他们在开始时更容易吵架，但随着时间的推移，他们的关系会更长久，更令人满意。当问题出现时，他们更有动力去解决，会以负责的态度与伴侣共同发展和成长。

误区4：相容性很重要

盲目相信相容性的人认为，有很多共同点是你们"适合"在一起的标志，这是上一个误区的一个变种。快速浏览一下约会网站，你就会发现，大多数单身人士寻找的对象，都是那些与他们有着相同的兴趣爱好并有共同点的人。他们认为，这些共同点能增强他们的相容性，并且更有可能帮助他们找到"对的人"。

真相又是怎样的呢？一些权威的婚姻研究者表示，相容性的作用被高估了，而过度关注相容性很可能会带来麻烦。幸福的伴侣并不比不幸福的夫妇更"兼容"。但是，如果某一方开始抱怨，说"我们太不合适了"，或者一再强调相容性有多么重要，那么他/她真正想说的其实是"我们现在相处得不好"。相容性只是暂时的，它会随时间变化，没有一对伴侣能永远百分之百适合彼此。良好的关系并不一定要求高度的相容性，幸福的伴侣懂得如何处理彼此之间的差异并在差异中成长。更重要的是，他们分享了更深层的价值观，探讨了这段关系的意义和目的并致力于成长。重要的是拥有共同的价值观，而不是共同的兴趣。

误区5：化学反应很重要

浪漫，鲜花，烛光，月下共舞……仿佛只要有浪漫和激情，就会有化学反应和真爱。实际上，浪漫和化学反应与真爱几乎没有关系。这种误区是如此普遍，连字典都搞错了，将浪漫描述为：(1) 爱情，尤其是短暂而热烈的；(2) 性爱，多指理想化的对象或关系。然而，这两个都不是"真爱"的定义——在这种短暂而热烈的爱情和性爱中，对象或关系都是理想化的，但并不符合现实！

浪漫的时刻很美好，但若想把关系建立在浪漫上，就有问题了。如果仅仅把关系建立在浪漫上，那么这段关系将是脆弱、肤浅的。请思考两组关于化学反应的表述，第一组是当化学反应存在的时候，第二组是它消失的时候：

"我感觉很兴奋！""她让我疯狂，我想不出别的形容了。""我陷入爱情了，它像无数砖头一样砸向我。""我们疯狂地爱着对方。"

在那之后呢？

"我对他没感觉了。""我们就是不来电了。""我们已经不爱对方了。"

虽然化学反应的概念有一定道理，但如果过分依赖化学反应，把它视作维系关系的纽带，会引起巨大的问题。首先，当化学反应很强烈时，伴侣们往往不能就真正重要的事情进行有意义或激烈的讨论，因为他们太过于依赖身体而非大脑。其次，化学反应终会减弱，那时伴侣们会变得暴躁易怒，为鸡毛蒜皮而争吵，哀叹化学反应为什么会从他们的关系中消失。结果，他们可能会过早地结束原本能进一步深入的亲密关系。

实际上，化学反应都伴随着化学物质的暗涌。刚进入热恋期以及经受着爱情之苦的人，体内会产生大量的化学物质——荷尔蒙、血清素和多巴胺。爱是一种情感、化学反应以及身体上的体验。在人们看到恋人的照片时对他们进行脑部扫描，你将会看到，他们的大脑状况和强迫症患者或瘾君子的一样。这能够解释热恋初期（或者说坠入爱河时）爱情使人着魔的性质，在那个时期，人们很难把精力集中在日常事务上。罗格斯大学（Rutgers University）的人类学家海伦·费舍尔（Helen Fisher）教授发现，刚迷恋上某人（请注意，我们没有用"爱"字）的人会花一天中85%的时间想念让他们充满激情的对象。他们情绪高昂，无法自拔，处于一种非同寻常的状态中。这能够解释我们为什么有时会感觉自己犯了"相思病"。这只是一种短暂的化学体验。这些化学反应不会持续太久，虽然它们令人感到兴奋，但并不是能带给我们持久满足感的亲密。

许多人认为，如果化学反应消失，他们就"不再相爱"了。未必如此。他们可能正准备进入爱情的下一阶段，通常被称为"伴侣之爱"（companionate love）。伴侣之爱与早期的迷恋或热烈的爱情相反，不是那么强烈，却非常强大，它混合了依恋、亲密、承诺和深厚的感情，在这之后，感情才能进化为完美的爱，让双方获得幸福感。

误区 6：感受到吸引，意味着遇到了"对的人"

"他不是我喜欢的类型。我不能跟对我没吸引力的人在一起。""你对我有吸引力。"没有感受到吸引力，可能并不是个问题。吸引力可能引领你进入天堂，也可能会让你走向地狱。吸引我们的不一定是对我们而言最好的人，事实上还往往恰恰相反。吸引我们的人经常无意识地展现出了我们与父母关系中的某些方面，被吸引则是我们对这些方面所做出的反应。他们对我们的吸引力越强，就越多地代表了那些方面或是与其相反的方面。如果你的父亲对你而言很遥远，那么你会被难以接近的男人所吸引；如果你的父亲有虐待倾向，那么你也可能被胆小的男人吸引。事实上，没那么吸引我们的人可能更适合成为我们的伴侣。

我们从早年的亲子关系开始，就已经在内心对爱的样子和"感觉"产生了一种无意识的模式，科学家称之为"依恋图式"（attachment schema）。这成为我们建立关系的模板，决定了我们成年后会被什么样的人吸引。如果在我们成年后，某人给我们的"感觉"像小时候体验过的爱，无论这种爱最初多么糟糕，都可能让我们产生"爱"的感觉。简单来说，如果我们父母中的一人或双方都对我们很冷淡，我们就会认为距离感是爱。而如果他们有虐待倾向、态度轻蔑或对我们过分保护，那么我们会将这些特性与"爱"联系在一起，并被那些带给我们同样"感觉"的人吸引。我们无意识地探寻，试图完善或修复我们童年时期经历过的模式。

不可避免的是，你童年时期的旧模式会显现出来，你也将不再受到吸引。这并不意味着你已经不爱那个人了，也不表示你选错了人，而是意味着，是时候开始面对更深层次的问题了：探究是什么让你在最初被那个人吸引。

误区 7：只要有爱就够了

像这样过于天真、简单化的信条，会让你走进死胡同。只有爱是远远不够的。亲密关系就像所有生长中的有机生命体一样，需要维护和培育才能成长。良好的关系并不是"自然而然发生"的，而需要技巧和练习，并需要双方致力于学习和成长，而不只是有爱就够。

这一误区使人们在爱中变得懒惰。他们不为彼此关系的发展承担责任，这些关系中有各种困难，偶尔还会出现令人不安的交流。在他们看来，爱情中有一种神奇的力量，让他们无须付出任何努力，但这只存在于虚幻的幸福故事里。在极端情况下，我们连伴侣的酗酒问题都能忽略，因为对爱的盲信让人们认为自己应该完全接受对方。这种态度还使得伴侣在遇到冲突时选择回避。然而回避的问题积少成多，不幸福感逐渐累积，可能会导致无效的争吵甚至离婚。

投入和技巧是幸福关系方程式的基本要素。但我们中很多人认为，爱情应该是很容易的。我们觉得，只要我们处于一段关系里，自然能知道该如何驾驭它。当情况变得困难时，我们会认为是哪里出了问题，却不会去培养应对困难的技巧。我们会说："这是不对的。不应该这么麻烦。"诚然，爱有所帮助，但只有爱并不够。我们还需要付出更多努力。

对于生活中的其他事，我们并没有期待它们变得轻而易举，自然而然就能发生。这也就是我们会努力完善自己的高尔夫动作，通过训练提高自己的专业技能，或是参加瑜伽课程的原因。然而，如果我们认为只要有爱就够了，就不会在关系中投入更多，也不会继续学习、成长和发展。我们很可能把时间和金钱浪费在消极的对抗而非婚姻的艺术上。

> **你曾经踏入的误区**
>
> 请重新看看上面这些误区。哪些最符合你的情况？哪些是你在看到相反而又证据充分的研究结果后依然想维护、不想改变的？

> 曾经坚信不疑的迷思被打破时,你是否感到焦虑不安?哪种观念是你最喜欢的?你能说出某个观念是如何给你们造成了问题或破坏了一段关系的吗?

真正的浪漫爱情

你仍能拥有浪漫爱情,也应该拥有它。然而,要享受真正的爱情,就需要考虑它的另一种定义:浪漫是一种为了成就梦想而大胆争吵、面红耳赤、爆发潜能的情绪或感觉。浪漫就如同走进松德海姆所描绘的未知森林,体现着一种潜在的英雄气概。这意味着要培养能把我们带入森林的技巧,在那片森林中,我们能在争吵中与伴侣紧密互动,清醒地认识并击败浪漫的真正敌人——对自己和伴侣深层需要的忽视。面对童年时期经历的精神创伤,或是在一个敏感话题上与伴侣对峙,确实令人恐惧,但这是通往幸福的必经之路。一旦越过误区,你就算仍难接受残酷现实,也将学会勇敢面对,知道它们将帮助你成长。你变得越来越诚实,更加着眼于当下。你将一步一步地勇敢面对、分享自己的一切,包括泪水、恐惧、快乐、天赋、缺点和其他所有真实的方面。

买巧克力和鲜花或预订一顿浪漫晚餐都很容易,难的是分享你曾有所保留的关于你自己、伴侣和关系的部分。这虽然很难,但对发展有意义的长期关系而言,具有更大的好处。所以,丢掉那些迷思吧,你应该转身投入这个更难却更有价值的现实中去。

迈出了这一步,你便可以深入自己内心的渴望,最终获得更深层的意义和目标,找到穿越森林的道路。你心中最深的渴望——下一章的主题——将成为指引你前行的罗盘。

第 二 部 分

争吵的艺术：将冲突转变为幸福的6个技巧

第4章 唤醒渴望

发现需求，遵从本心

我们为什么会吵架？因为我们心中有渴望。

不过，我们渴望的并不是脏衣服有人收拾、牙膏盖扣上了、马桶圈被掀起来、垃圾能被带出去扔掉，甚至不是完美的性生活。我们渴望的是这些事代表的东西，也就是它们在我们内心深处意味着什么。我们渴望被重视和聆听，渴望爱与被爱，渴望表达自己，渴望自己能产生影响，还渴望变得更好。我们一直在渴望着什么，却很少意识到这一点。这些是涌动在我们体内的强大电流，尽管我们可能感受不到它们的存在，但它们影响着我们的行为表现，驱使着我们去爱，也引发我们争吵。

探索并遵循内心的渴望，是获得幸福的第一个技巧。每一次争吵，究其核心，都存在着未得到满足的渴望，而一旦得到满足，这些渴望就会转变为亲密感和满足感的基础。请学会剖析你们的争吵，找出藏在其中的渴望。时刻积极追寻自己的渴望，你才能为你们的亲密关系打好坚实的地基。

那些人畜无害的、看似最迫切的、极端情绪化的，或可以随随便便满足的欲望，都不是真正的渴望。世界上有70亿人，每个人都拥有渴望。渴望是你们关系中最能带来满足感和力量的东西，你需要驾驭渴望，否则就不会得到这些。

渴望的效果是最奇妙的。渴望的对象包括爱、人际关系、创造性、掌控感和影响力。在适当的引导下，渴望不仅能给你带来爱、满足和亲密感，还能让你成为最好的自己，甚至能对你们的关系和世界产生更大的贡献。是渴望激起了世间万物的灵感，从启迪心灵的艺术、直击灵魂的音乐、宏伟的大教堂、治愈疾病的良方到伟大的爱与仪式。如果渴望没有得到承认、引导和满足，你就会在这段关系和人生中感到空虚、不快、不满和痛苦。这些渴望为了得到满足，会以一种错误的方式在争吵中爆发。渴望一旦得到应对、引导和满足，就能带来亲密、快乐以及心甘情愿的奉献。

我们的渴望激励着我们联系、支持、关爱、重视和影响他人，并追求成为更好的自己。也正因为我们生来拥有渴望，如果渴望得不到满足，我们便本能地感到十分沮丧。这种心情可以吸引我们的注意力，让我们努力回到正轨。当我们的渴望未被满足时，我们就会表现出抗议和逆反，并感到痛苦、空虚、暴躁和愤怒，想要为此做点什么。当你们因为未被满足的渴望而争吵时，你却以为自己只是在纠结该谁扔垃圾，这种情况并不少见。

你在渴望什么

你如何能够知道自己是否在渴望什么？你只要有呼吸，就有渴望。未被满足的渴望会通过各种方式浮现：压抑的不满、难言的欲求、死气沉沉的性生活、关系中存在的大大小小的问题，或是撕破脸皮的大吵。这些渴望在无意识中将我们引向了亲密关系的种种问题。它们还是驱动争吵的燃料。事实上，与伴侣争吵是让渴望露出水面并协商解决的一种方式。

看一看这些关于未满足渴望的情景，哪种与你的情况最相符？

- 你们总为了同样的事吵架，而且永远没有突破。
- 你隐约觉得你们的关系有哪里不对，但又说不上来。没有家庭暴力，没有外遇，也没有人酗酒，那究竟是哪里出了问题呢？
- 蜜月的感觉消失了。你们的关系还算正常，你想要更多，但又担心轻举妄动会破坏现状。
- 你们正在进行一次正常的谈话，但突然间，你们中的一人不知为何被激怒了，一场可怕的争吵爆发。你们的关系变得紧张，而你知道，如果你们可以去度假或多亲密接触的话，一切就会变好。
- 你害怕把问题放在桌面上，所以干脆闭口不提。或者你有时会提出你们关系中的一个问题，希望能做些改善，让事情按你的希望发展，但你的伴侣沉默以对，或反过来抱怨你，或直接走开。

这些场景都是你的渴望无法得到满足的例子。你的渴望就像你心中的GPS，指引你向让你更满意的方向走去。当你学会运用这一技巧，积极追求自己的种种渴望——被重视、被聆听、被珍视、被爱、感到自己的重要性、发挥出自己的作用——你就会希望在争吵的表面下挖掘出自己真正渴望的东西。你会深入自己的不满、剑拔弩张的关系、日常的条条框框，去发现自己的渴望。你会直接问自己需要的是什么，通过理解位于争吵核心的渴望来解决你们之间的争吵，并通过与对方分享内心深处的渴望来建立起更强的亲密感。

请想象在满足了此前未被满足的渴望后，你们之间会出现下列这些场景。

- 在看到你时，你的伴侣会顿时神采奕奕。
- 当你因为心情不佳给伴侣打电话寻求支持时，他/她会及时回应你。
- 你学会了表达自己的不满，直接地问自己想要什么。

- 你们为彼此的成功而庆祝。

如果能成功运用这一技巧，你将感觉到渴望得到满足的快乐，能够表达，能够被珍视、关心、重视、聆听以及欣赏会让你感到满意。

渴望是什么，我们在渴望什么

渴望是一种强大的、根深蒂固的、与进化相适应的机制，最初便是为我们的生存而产生的。渴望促使我们与人产生联系，进行交流，并发展我们自身。当你的渴望未得到满足时，它们就会触发常常导致争吵的警报。

你如何才能知道自己渴望的是什么？你"想要"的东西往往是具体的，你的伴侣需要按你说的去做。而渴望就大得多了，也更加广泛，可以通过无数种方式满足。只要知道了你的渴望是什么，你内心深处的渴望就能开始获得满足。比如，如果你知道自己渴望的是被重视，你就会注意到自己和自己内心深处的想法。这种认识本身就属于获得平静和满足的过程，也是一种你在没有对方参与的情况下自己就能完成的工作。

确定自己的渴望

下面这张列表将帮助你读懂渴望。请通读其中的内容，最好能大声念出来，看看哪些最符合你的情况。其中的很多种可能都或多或少适用于你，但其中有些更能让你产生共鸣。你与伴侣争吵时，可以用这张表确定你在争吵背后的真正渴望。请练习熟练运用这项技巧，并尽可能多地说出你渴望什么。

常见的渴望种类
我渴望……

- **获得安全感**

  生存

  获得安全

  建立联系

  建立信任

- **去爱、关心、回应他人**

  关心他人

  教养孩子

  爱他人

- **与人产生联系，互相重视并互相了解**

  被看见、聆听、了解、理解

  看见、聆听、了解、理解他人

  触摸他人并被触摸

  得到他人的共鸣

  与他人产生共鸣

- **表达真实的自己、自我认识和潜能**

  表达自己的想法

  充分地体验

  学习、成长和发展

  进行创造

  独立，有属于自己的身份

  影响他人

  超越自己

  充分发挥潜力

- **感到自己有影响力**

    感到自己是重要的

    互相重视

    做出贡献

    实现人生价值

    造福社会

    达到信仰的要求

    实现目标

    把握命运

- **发展人际关系**

    获得归属感

    建立联系

    在他人心中获得地位

    与人亲近

    与他人沟通

    与他人互相融合

    与他人建立深层联系

    与他人建立亲密关系

- **与更重要的存在建立联系**

    与比个体更重要的存在建立联系

    感到与自然的和谐

    被更大的集体接纳

    对自己的信仰有更深的认知

爱情与战斗

亲密关系不是小孩子的游戏。与爱人发生争吵似乎是有悖我们直觉的，但请想一想，驱动我们建立关系，指引我们进入森林的力量，同样是在受到威胁时会让我们争吵、保持距离、分开或退缩的力量，你就会发现这种争吵并非不可理解。如果你那么在乎自己的另一半，为什么会言辞犀利或出言不逊呢？答案是，你被一种强大的动机驱动着：你想要建立联系，想要在其中满足自己的渴望。大多数争吵的目的都是为了这一点。不幸的是，我们通常没有意识到这一点，所以我们总是为错误的事争执不下。让渴望得到满足，有助于你和伴侣对争吵进行分析，增加你们改变各自行为的可能性，比如变得守时、积极打扫房间、记得放下马桶圈，以及取得其他实际的结果。更重要的是，满足你的渴望能帮助你学习、成长和发展，更不用说你们二人都会获得快乐和幸福。当渴望无法获得满足时，比如你爱的人不关注你或不认真聆听你的声音，你就会心生怨恨，你们就会爆发争吵。

"渴望"这个概念，源于我们对那些生活状态美好的人的研究，他们的特点是：都拥有满意的关系和职业，在为社会与他人做出贡献，并拥有更高的目标。他们更倾向于关注自己内心的渴望，而不仅仅是表面的结果，以此实现了卓越的目标，获得了理想中的生活方式。这些表现出众的人不会在不必要、不令人满意、不称心的行为和事务上浪费时间。他们会深入挖掘，分析自己真正想要的是什么，然后承认这些渴望并直接展开追求。

在与朱迪斯结婚之前，我已经在个人发展方面做了很多努力，希望自己能超越沉默寡言的父亲和控制欲强的母亲，但在朱迪斯开始发动"你跟你妈/爸一个样"类型的争吵后，我发现自己做得远远不够。我的父母称得上是很好的伴侣，但我母亲抱怨我父亲对他人友好，却在感情上过于疏远她，直到一次严重的中风后，他开始在感情方面变得像个两岁孩子一样任性妄为。所以当朱迪斯开始抱怨我跟我父母一样，习惯在沉默中暗含控制和责备时，我感到非常震惊。

朱迪斯渴望我能关注和重视真实的她，而不是只在意她如何按我的意愿收拾厨房，或用多大的火煮饭。对于我的这种控制欲，她感到受伤和沮丧，觉得自己无足轻重。我们的争吵总是以朱迪斯抱怨我像我父母一样我行我素而告终。起初，我对她的抱怨不以为然，觉得她是在故意打击我，但我渐渐意识到，不只是她被重视和肯定的渴望没有得到满足，我也在想要获得亲密和肯定的深层渴望之中迷失了自己。

这种僵局在我与一位精神导师谈话之后得到了突破。他严厉地批评了我的控制欲，让我离开朱迪斯一阵子，学会享受独处的时光。令我惊讶的是，我们对自己更满意了，一切都变得轻松起来，我也看到了自己控制欲背后隐藏的渴望——其实我是想与她产生更多联系——这种渴望只有在我放松了控制之后才得以显现。我还惊讶地发现，当朱迪斯被重视以及产生影响力的渴望得到满足后，她反过来也满足了我的需求。

从那之后，我便从我父亲的混乱和冲动，以及我母亲深藏在表象下的残忍中，更好地认识到他们的生活方式中有哪些未被满足的渴望。他们都渴望获得基本的安全感，所以我母亲想要控制我父亲，而我父亲总是故意疏远她，以保护我们免受他的愤怒波及。在分析了他们的相处模式后，我建立联系、获得肯定以及共同以更令人满意的方式成长的渴望得到了更多的满足。事实证明，无论是表面还是内心深处的渴望，我的和他们的都没有什么不同，只是相较而言，我能够借鉴他们的经验，更多地满足我的。

像很多伴侣一样，我们吵架是因为我们不知道如何以更好的方式来满足自己的渴望。（当再次需要找到更好的方式时，我们仍然会吵起来。）因为不明白自己渴望的到底是什么，我们常常会为了看起来并不重要的事而感到烦躁、恼羞成怒、气急败坏甚至心生绝望。我们想做些什么来改变现状。我们会为了自己表面想要的东西争吵，却忽略了深层的渴望。

我花了好几年的时间才明白，我跟鲍勃争吵，是为了让他关注、聆听和理解我。在早期，我对自己立场的坚持并非体现在口头上，而主要是写在日记里，或存在于脑海中。鲍勃相当固执己见，他倾吐想法，就像机关枪发射子弹。随着时间推移，我开始在出现分歧时叫停我们的对话，就是为了搞清楚自己的想法，认识到自己内心深处的感觉——我的渴望。渐渐地，我学会了在争吵中应该怎么做，学会了清楚表达我希望从鲍勃那里获得什么。通过提要求、叫喊以及表达受伤的感觉，我们将各自的渴望融入了争吵之中，更能体会对方的心情了。

渴望与谬望

鲍勃渴望秩序和安全感，也渴望被看到、被肯定。他想通过自己的方式来达到这种目的。如果我们只提自己的需求，而不说出真正的渴望，争吵就会进入死循环。就像鲍勃一样，我们经常只停留在抱怨层面上，或试图将自己的意愿强加给对方，但即便我们能温柔地表达需求，也很少是建立在表达渴望的基础上。心理学家和经济学家称这种想法为"谬望"（miswanting）：想要一些我们误以为能让自己快乐的东西。我们都是糟糕的情感预测者，几乎无法预测什么能让我们快乐，甚至无法预测什么会让我们不快乐。

然而，我们往往就是在为这些谬望争个没完。我们想让对方身体坐直、节俭持家、学着聪明一点、用特别的方式对待我们或是乖乖去学校接孩子。虽然这些希望也是有意义的，但我们"想要"它们的原因常常是为了避免心烦、排遣消极情绪或赢得争吵。如果没有意识到自己的渴望并在此基础上进行争吵，我们可能会得到自己"想要"的东西，却仍无法获得满足。

请回想发生在你们之间的一次争吵：你成功地让你的伴侣承认你是对的，或让他/她做了你希望他/她做的事，但你还是觉得没有让他/她信服，也没有因此感到开心。对，他是记得要放下马桶圈了，但你还是没有感到被爱或被肯定；她可能同意增加性生活的次数，但你还是感觉不到被重视和被需要。你没有触及自己更深的渴望，所以你们的争吵仍停留在事情的表面——你永远无法通过这种方式获得幸福。真正的满足感、亲密感和成就感，来自理解你"想要"的那些东西为什么对你很重要。

渴望的神经科学

为什么实现渴望比得到我们"想要"的东西更令人满足呢？神经科学研究人员发现，其中一个原因在于，"想要"和渴望激活的是不同的大脑中枢，二者导致了不同的后果：后者让你感到满足，而前者恰恰相反。你掌握了获得幸福的技巧后，将懂得如何以激活更多渴望中枢的方式生活。但首先，你需要理解"想要"带来的挑战。

"想要"激活的快乐中枢是大脑中被称为"想要中枢"（wanting center）或"兴奋中枢"（excitatory center）的部分。这个中枢受到多巴胺刺激，会让我们感到兴奋。虽然它也驱使我们去追求自己的欲望，但这种兴奋是暂时的"修补"，无法满足我们的需要。当短暂的快感消退后，它会再一次激发"想要"的多巴胺，这是一种令人上瘾的循环，永远不会带给我们真正的满足感。与之相反，渴望激活的快乐中枢被神经学家们看作是"满足中枢"（satisfaction center）或"喜欢中枢"（liking center）的区域，我们称之为"渴望的位置"。我们大脑中的这个快乐中枢是由阿片类神经递质激发的，而这种神经递质控制着深层的满足感。当我们的渴望在我们的关系中获得满足——我们和爱与被爱、被关注、被聆听、被触摸、受到重视、建立联系的渴望连接起来时，就会激活这个控制快乐的中枢，体验到真正的满足。就像通过锻炼和增重来提升肌肉量那样，你正在学习更好地激活这个中枢。

牢记"想要"和渴望之间这种科学层面上的差异，将对你们如何争吵和解决冲突产生很大的影响。我们"想要"而非渴望赢得争吵，前者会让你的多巴胺上升，但也会让你持续兴奋以及口干舌燥。你可能会在某个时刻感到沾沾自喜、高人一等，但如果渴望没得到满足，这种感觉就不会让你感到满足。深入探索你所渴望的东西，才会带给你真正的满足感。

通过这种方式分析你们的关系，有助于你找到"谬望"之下隐藏的渴望。很多时候，你并不知道自己在生活中或一段关系里真正需要什么。你可能会认为自己真的需要更频繁的性生活、丰厚的薪水、称心如意的工作、国外旅行甚至是一套干净的房子。如果你意识到自己渴望的不只是这些，那么你与伴侣的争吵就可以成为发掘出这些深层渴望的亲密讨论。

来看看乔治和丽塔。乔治需要保持房间整洁，而丽塔正相反——他们的故事是"家务琐事"类型争吵的一个版本。丽塔觉得乔治的要求是无稽之谈。多年来，这种争吵一直激烈地进行着，直到乔治终于承认，乱糟糟的家庭环境会让他重新体会童年时的不安。乔治是一个混乱家庭的长子，当时他父母的关系已经难以为继。他是个好男孩，为了维护家庭和睦而"小心翼翼地生活着"。乔治渴望安全感，一个井然有序的家便是实现他这种更深层次需求的方式。当乔治意识到他想要的不仅仅是书籍和银器都在正确的位置上，而他与丽塔的争吵是关于他童年更深层的问题后，他从丽塔坚定的支持中找到了更多安慰。他们的争吵变得更为丰富和亲密，他们的家从银器到书籍，再到他们儿子的房间，也变得更加井井有条。他们运用了获得幸福的技巧，挖掘出了争吵的本质。

乔治理解了自己的渴望，这让他变得温柔和放松，也让他更接受丽塔为保持房子整洁所做的努力。丽塔终于能够告诉他，自己曾经因为他看起来关心房子干不干净胜过关心她而感到难过。通过争吵，丽塔意识到，她对乔治的不满，是因为他想要的是一个娃娃屋（而他们都是其中光鲜亮丽的娃娃）而非与她的爱巢。

当他们找出"想要"背后的渴望时，乔治发现自己渴望的不仅有一座整洁的房子代表的安全感，更有知道自己对丽塔而言很重要。丽塔也同样渴望感受到自己对乔治重要，他们都渴望被关心与了解。当乔治承认不整洁的房子会给他带来不安全的感觉时，丽塔也承认自己渴望乔治爱她真实的样子，而不是她的长相或她做了什么。了解彼此更深层的渴望，让他们能够相互合作，获得他们都能引以为傲的居家环境和婚姻关系。

争吵会掩盖这种深层的渴望，但解读这种渴望需要时间、毅力以及你在这本书中学到的技巧。不过现在，你要意识到，你的争吵有一种超越世俗和表面现象的目的，这种目的很强大——实现你的渴望。你对渴望了解得越多，就越容易让你们在争吵时和其他时刻的关系变得更亲密，更有意义。

使伴侣持续幸福的动力
　　满足渴望
使伴侣失去幸福感的事
　　渴望得不到满足
　　对渴望无法得到满足的恐惧

表象的迷惑力

想到你们关系中的美好时光时，你可能会把它们归结为当时的环境或所做的事：你获得的乐趣、浪漫的晚餐、湖边的悠长散步、美妙的性爱、他/她对你多么好或者多么性感。但你不会把美好时光等同于"我们的渴望得到了满足"。同时，当你想到你们的争吵时，你可能满脑子都是对方讨厌的行为和反复出现的主题——"财务纷争""原生家庭矛盾"或者"你让我觉得丢脸"类型的争吵。你不会马上想到表象背后存在未满足的渴望，也不会意识到自己对这种渴望也许永远无法获得满足一事的恐惧。如果你不理解这些强大的力量是如何在或好或坏的情况下发挥作用的，你就不会尊重它们的力量，也无法有效地利用它们来进行争吵并建立良好的关系。

我们生来就拥有渴望

我们生来就拥有渴望。我们对建立联系和被关心的渴望不只是一种情感上的偏好，还对我们的生存至关重要。对血缘纽带和爱的渴望，可以确保父母照顾好自己的孩子。我们对生存、联系、同情和与人交流的渴望，帮助我们形成群体、分享资源、加强保护和抵御敌人，从而增加了生存和发展的机会。

当我们追随自己的渴望时，进化机制便会对我们进行奖赏。一旦渴望得到满足，我们的身体中就充满了令人感觉良好的化学物质，它们会影响我们的神经系统。我们会感觉很好——真的很好，会感到满足、愉快、高兴、意志坚定甚至幸福。但当这些系统受到任何威胁时——当我们的渴望得不到满足，我们的伴侣疏远我们或变得难以接近，或者感觉我们的关系受到威胁时——情况就不好了。这种威胁感会触发一种神经生物警报，以应对可能出现的损失或分离。它使我们体内充满产生糟糕感觉的应激激素和化学物质，刺激我们的唤醒系统，并激发我们去争吵、逃离或消失。

在激烈的争吵中，你会认为导致你愤怒、恐惧和悲伤的原因，都是你伴侣的行为、你们正在争吵的话题或当下的情况。虽然你可能真的受到了伤害，因为对方表现得像个混蛋而感到愤怒，但你强烈的情绪在这种基本神经化学过程中有着更原始的来源。

终身的渴望

在我们的一生中，渴望在源源不断地产生。对爱、联系和安全感的渴望从婴儿时期便开始了，这些渴望始于对我们的照顾者的眷恋，并延续到成年后的爱情关系中，贯穿了整个人生。我们都对建立联系有一种基本的需要，也对失去联系有一种深刻的恐惧。在我们与所爱之人的所有互动背后，藏着与依恋相关的种种渴望。我们渴望相互联系，渴望安全，渴望得到安慰和庇护。

请看看你的情况是否与下列我们与生俱来的驱动关系的因素相匹配，它们是我们体内依恋系统的四个方面，定义着我们儿童时期的依恋关系以及成年后的亲密关系。

- 我们还是孩子时，想要与照顾我们的人亲近；成年后，我们想要与所爱之人亲近。
- 我们感到害怕、受到威胁或处于危险中时，会依靠我们的照顾者或伴侣，以寻求安慰和支持。
- 我们的照顾者或伴侣要为我们提供安全的保障，让我们得以学习、成长和探索。

- 当我们的照顾者或伴侣难以接近、不回应我们或不与我们互动时，我们会经历分离之苦并产生抗拒心理。

我们知道，你已经长大成人了，不会再为了寻求安全感而扑到妈妈的裙子上，但是这些动力仍然是成人发展依恋和亲密关系的基础。

当我们与伴侣共同体会这些支持感、亲密感和安全感的时候，我们的渴望就会得到满足，继而感觉良好。但如果我们不这么做，如果争吵或生活压力威胁到了我们的安全，我们就会对依恋关系感到惊恐，产生原始的恐慌，因为我们害怕危险，害怕失去我们所爱之人。这种无意识的恐慌会触发争吵。我们应对这种恐慌的方式，往往是产生冲突的根源，会点燃或加剧争吵。例如，以下每一种争吵和关系中的不愉快程度，都源于依恋产生的恐慌。

- "为什么你不能早点回家"：我们寻求着亲近和安全的避风港。我们渴望感觉到自己的重要性，也渴望感到安全。
- "为什么我们不做爱了"：我们渴望得到安慰和安全感。我们希望亲近并获得联系。
- "你不像过去那么爱我了"：我们寻求一个安全之处。我们渴望感觉到自己的重要性，也渴望感到安全。
- "你为什么那么冷漠、疏远我、离开我……"：我们希望获得联系和基本的安全。我们渴望与伴侣建立联系。

与我们体内的依恋系统相对应的，是我们与生俱来的照料系统（caregiving system），是我们渴望去爱、关怀、养育和保护的进化论基础。当依恋和照料系统让我们感到踏实、安全、有人关心时，另一个系统，即主体间性系统（intersubjectivity system），为同理心提供了基础。这种系统促使我们相互看见、感觉和了解——让我们感受到伴侣的思想和内心，去理解他/她是如何思考、感受和体验生活的。它帮助我们与伴侣体验到温暖和亲密的关系，让我们看到彼此，进行交流，并"想对方所想"。当依恋为我们提供了安全与保护时，主体间性帮助我们进行沟通，并促进我们相互理解。正是这种能力让我们能够凭直觉理解对方，从而帮助我们生存。

许多争吵源于我们对被理解和欣赏的渴望——我们渴望建立联系，互相知晓，彼此理解。争吵常常是为了建立这一重要联系而进行的尝试："你从来都不听我的。""我跟你说过我今天有个重要演讲的。""跟你说话就是对牛弹琴。""你根本不正视我！"这些进化系统不断被触发，并在我们的生活中得到持续发展。你会看到一个两岁的孩子渴望独立，渴望表达自己的意愿，渴望自己产生影响；一个青少年在渴望获得归属感的同时渴望表达个性；一个年轻人渴望超越，渴望征服，渴望成为一个独特的个体；一个未成熟的成年人渴望成长与转变，创造自己的人生印记，充分体验人生；一个成熟的成年人渴望永远拥有归属感，渴望掌控自己的人生。

亲密关系触发的童年渴望

你在亲密关系中表现出的模式，根植于你的童年——你可能总会选择有承诺恐惧症的爱人、对你而言不可能的对象或是过度依赖且占有欲强的伴侣。你童年时期的依恋风格会成为你在亲密关系中的"内在作用模式"（internal working model），它决定了你会被谁吸引、和谁在一起，以及你们之间如何产生联系。你年轻时感觉像爱的东西，都将成为你成年后爱的模板。例如，如果你的父亲跟你之间有距离感，那么你会无意识地爱上难以接近的男人，或是找一个与你父亲完全相反的类型——一个虽然黏人但难以发展成熟关系的人。你在童年时经历的痛苦、伤害和恐惧，都会在你成年后再次体现在你的亲密关系中，而且会引发最让你感到痛苦的争吵。然而，一旦你意识到自己在争吵背后真正渴望的是什么，并练习其他获得幸福的技巧，你不仅能治愈源自童年的一些伤痛，还能与伴侣建立一种全新的亲密关系。

洁琪选了一个像她父亲一样冷漠的男人。对她来说，对她呵护备至的男人不够强势，无法给她一种来电的感觉。但现在，童年时期未得到满足的渴望在争吵中再次爆发，比如："我从你那里几乎得不到任何关注，还不如一直单身呢。跟你说话就像自言自语一样。你像我爸一样糟糕，从不会注意我，只知道拒绝。我受够你了！"在争吵中，她被关注、被倾听、进行沟通、被关心、影响他人的渴望浮现了出来。当她学会辨认自己的渴望并满足它们，而不是仅仅感到沮丧或抱怨她的伴侣时，她就可以开始治愈自己的童年痛苦，并与伴侣建立起更亲密的关系。

当我们的伴侣或其他依恋对象在我们身边、对我们有所回应时，我们会感到安全和自信。而当我们感到这段关系或我们自己受到威胁时，我们就会变得焦虑，并去寻求我们的伴侣或其他人的支持和关注。在理想的情况下，我们所爱之人在这些时刻应该充当我们的避风港，如果他们没做到，就很可能会发生争吵。

比如，洁琪和杰夫的朋友觉得这对伴侣的关系令人困惑。前一秒他们还相亲相爱、互相肯定，下一秒洁琪就开始冲杰夫大吼大叫。如果你不知道有时杰夫会退缩，而他的退缩触发了洁琪内心的依恋警报，那么你一定会觉得洁琪的反应不可理喻。开始时，洁琪察觉到杰夫与自己之间有了些距离，就会变得焦躁不安、咄咄逼人。杰夫察觉到她的惊恐，就会想逃离。洁琪的情绪越激动，杰夫就逃得越远，直到洁琪因为被抛弃而整个人陷入恐慌之中，同时杰夫也被她的愤怒吓得不轻。这时，他们会冷静下来，从对方那里寻求安慰，重新建立安全的依恋关系，知道对方还在彼此身边。只有了解触发争吵的事件，他们才能开始控制这些场景，在相互理解和照顾中，体验到更深的亲密感。

学会渴望

通过练习,你就会像洁琪和杰夫那样掌握渴望的技巧。了解你渴望的一个最好的时机,是当这些渴望没有得到满足并在问题和争吵中爆发出来的时候。但在激烈的争吵中,你往往很难深入内心去发现自己未被满足的渴望。不要就此放弃。争吵结束后,你总能探索并发现那些未被满足的渴望。尘埃落定之际,问问自己:这到底是怎么回事?我内心渴望的是什么?我真正想要的是什么?回忆一下之前的渴望清单,你是想要安全感吗?是想被关注、被倾听、被肯定吗?或者想知道自己很重要?是想感到亲密,还是想拥有威信呢?请始终选择你最基本的渴望,并对其进行讨论。就像杰夫发现了自己对安全感的渴望,而洁琪意识到了自己对获得肯定的渴望那样,请确保你们双方都认识到了自己的渴望。

争吵后的反思

在争吵的过程中,你就像是快速旋转的发动机,可能并没有足够的空间和距离来问自己"到底发生了什么""我在渴望着什么",也无法想出答案。当争吵的热度冷却下来,你的理性回到正轨,你能够更准确、更清醒地进行思考和感受之后,你就可以找到你渴望的对象了。请对照渴望列表,选出能描绘出你在争吵中最渴望的对象的选项。现在,把结果与你的伴侣分享。

有时,即便是争吵结束后,你们也很难直接对争吵的内容进行解读。这种情况下,请你反思一下刚刚的争吵并问自己:"我想要什么?""我到底想表达什么?""我希望发生什么?"挖掘内心深处的渴望也是一项技巧。如果你每次都问自己:"我想要……,这样就能……?"将会发现更多的渴望。在此基础上,继续问自己这个问题。

这样一来，你将能够在渴望之下发掘出更深的渴望。

下面是一些例子。

我希望他知道他有多蠢，这样他就不会再那样做了
……这样我就不用再经历那种恐怖的感觉了
……这样我就能感觉良好了
……这样我就能觉得自己得到特殊对待，感到被爱着了

这些都意味着你渴望被爱，渴望感受到自己的重要性。

我想惩罚他，因为他对我太刻薄了
……这样他就能体会到我的不舒服了
……这样他就能知道这是种什么滋味了
……这样他就能知道我的感受了
……这样他就能理解我，不再伤害我了

这些都意味着你渴望被关注、理解、感知和保护。

我希望她消停一点，别再唠叨个没完了
……这样她就能不那么讨人厌了
……这样她就不会总贬低我、控诉我了
……这样她就会开始感激我所做的一切了
……这样她就会把我当作一个特别的人，而不是一件垃圾了
……这样我就能知道她尊重我了
……这样她就会欣赏我了

这些都意味着你渴望获得肯定、欣赏和尊重。

我希望她能收拾好自己的东西,别再把我们的房子弄得像个垃圾堆了

……这样我们就能拥有一套干净的房子了

……这样我就不会被她那些垃圾绊倒了

……这样我就能回到一个整洁的家中了

……这样我就能在结束一天工作后,觉得回家真好了

……这样我就不会在进门时觉得心烦意乱了

……这样我就不用觉得自己像我爸那样活在猪窝里了

……这样事情就不会那么混乱了

……这样我就能感到平静和安全,觉得不会有乱七八糟的事情发生了

这些都意味着你渴望获得安全感。

使用"这样就能"句式,发现你的渴望

请写下你在争吵过程中想要的东西——哪怕这种渴望不负责任、蛮不讲理、意气用事或任性妄为。你希望发生什么?想要何种结果?现在,来使用"我想要……,这样就能……"句式进行挖掘吧。上面的例子能够给你提供指导。不断地深入进行"这样就能"假设,直到你发掘出更深的渴望。如果你不确定自己到达了哪一步,就可以对照一下渴望清单,看看你得到的结果是否接近其中的某一项内容。还是不确定吗?当你终于有了"啊,就是它"的感觉,感到平静和踏实,觉得没什么需要多说的了,就说明你已经发现了自己的渴望。现在,把你的发现与伴侣分享吧。

在用"这样就能"句式揭示出你的渴望之后,你需要告诉你的伴侣你真正渴望的是什么,而不是争论的具体内容,然后也鼓

励他/她说出他/她在这场争吵中渴望着什么。不要在你们的争吵过去很久之后才进行这场对话。每次争吵完，或在你产生不安情绪时，都应该这么做，过一段时间后，你会发现自己捕捉到渴望的速度越来越快，甚至在争吵过程中就能做到。当你真正擅长解读自己的渴望之后，你就能主动认识到这些渴望并满足它们。你将直接地问自己需要什么、想要什么，并在避免某些争吵的同时获得更亲密的关系！

一旦你认识到自己的渴望，就不太可能再因为本能的恐慌而匆匆结束你们的交流，或者在害怕自己的渴望可能无法得到满足时选择冷漠地退出了。

亲密关系真正的魔力之源

当我们在争吵中显示出自己的渴望，理解并表达出自己真正渴望的内容时，我们不仅感觉更好，自身也变得更好了。我们相爱的关系增强了我们的信心，也提升了我们对自我的认知。我们的身体会发出信号，对激素水平、心血管功能、身体节律和其他免疫系统产生积极的影响。我们处理冲突的方式不再像以前那样是出于条件反射，而是更加卓有成效。对于亲密关系中不可避免的伤害，我们会变得更容易适应。同时，我们对伴侣生气时，也不再像过去那样咄咄逼人了。

当我们的渴望得到满足并获得安全感的时候，它便赋予了我们力量。我们的思维变得更灵活，也更愿意挑战自己的观念。具有讽刺意味的是，我们越是能与另一半进行有意义的沟通，让自己的需要得到满足，就会变得越独立、越能拥有自我。我们就像一个小孩，只要看得到妈妈，就会感到安全，能够自由地探索自己的世界。

我们都见过这一类人，他们的事业蒸蒸日上，结交了很多优秀的朋友，而且在拥有良好的亲密关系时感觉更加满意；我们也见过另一些人，他们在失去一段关系时苦苦挣扎。在我们的研究中，我们发现，生活在美好状态中的人，总是受到更深层的渴望的指引。他们不会在无效的行动中投入太多精力，因为那些事没有多少意义，无法带来长期的满足感。而且，当他们意识到争吵的意义并不仅在于争吵本身，同时也在于深入探索自己真正的渴望时，他们就能够进入森林，并成功运用技巧，获得幸福。

他们为幸福而战，并使用第一种技巧——唤醒渴望——挖掘出了争吵的本质。这时，他们迈出了下一步，进入了人生的整体冒险之中。他们的渴望指引着他们获得生活中更大的满足，他们也自然而然地开始学习下一种获得幸福的技巧：紧密互动。

第5章 紧密互动

公平争吵、积极相处的七条规则

仅仅是拥有渴望或只是表达出渴望，还远远不够。你必须展开争吵，也就是使用第二种获得幸福的技巧——敢于冒着风险采取行动——来满足自己的渴望，抓住争吵的本质。要获得真正的爱，就需要全身心投入、大胆尝试，为了让渴望得到满足而展开争吵，在与对方全面交战的过程中展现真实的自己，并敢于冒险和犯错。

真爱意味着，你要卷起袖子深入挖掘这段关系。你们进入森林，与彼此相撞，然后调整方向，找到自己的路。你会表现出更加自然、不那么小心翼翼、更加真实的自我——一个你可能从未见过的自我。好吧，情况变得更混乱了（我们警告过你，爱情中本就充满矛盾冲突），你们会踩到对方的脚趾，但这让你们感到更加充实、兴奋和满意。你们将一起学习，共同成长。你们的争吵会带来回报，你们也将体验到更多的快乐与幸福，积极心理学研究者称之为过着"充实生活"（engaged life）或获得"心流"（flow）。你和伴侣的冲突变得充满了新鲜感和刺激感，这是获得满意关系的关键。

当你学会如何有效地投入争吵、与伴侣紧密互动之后，冲突就不是什么大不了的事了，你可以直接解决它。当你在陈述观点、提出需求、表达愤怒和怨恨，以及展现肯定、喜爱和幽默等积极面时，拥有了属于自己的标准，那么冲突就会变得更加易于接受和解决。

真正与虚假的紧密互动

你可能觉得你们的互动已经够紧密了,因为你们交流过,一起做过事,倾听过彼此的心声或是平摊了家务。或者,你们经常情绪激动地大声争吵。然而,当我们谈到紧密互动时,其中的含义不只是参与这种行为,也不只是认真倾听或积极展开争吵。只有当你展现了真实的自己,满足了自己的渴望,并能够感知和有效表达自己的情感时,才算是真正做到了具有创造性的紧密互动。

紧密互动指的不是积极主动、生机勃勃或处于充满活力的状态之中。有很多"阳光女孩"能跟人漫无目的地聊天,总是表现得很开心,但她们会避免真正的全心投入;还有很多伴侣,从做爱到度假都黏在一起,却会同床异梦。与上述情况不同的是,要想真正做到与伴侣紧密互动,你必须有意识地碰触更深的渴望,不仅是你自己的,还有你伴侣的。这种投入是真实的,也是脆弱的。

你在与伴侣紧密互动的时候,应该做到坦率以对,不要旁敲侧击。你不应该操纵、控制对方,不用在切入正题前刻意讨好对方,也不必等到对方心情好转之后再表达自己的观点。你可以大胆冒险、犯错误,甚至做出可能破坏你们关系的行为,但你要对这些行为承担责任。你用有创造性的方式与对方紧密互动,在此过程中学习与成长,感受生活的迷人之处,而不是把时间过多地花在社交网络、球赛或其他无聊却令人上瘾的活动中,因为后者只会让你头昏脑涨。如果你总在看电视,即便是跟伴侣一起,你们也没有进行紧密互动,其他一些"软瘾"(无明显害处却会消耗我们时间与精力的上瘾性行为)也是同样的道理。比如,鲍勃目不转睛地盯着电脑屏幕,朱迪斯虽然知道他的注意力在别处,但还是说了一句"房子着火了",只想看看他到底会不会听她说话。

紧密互动并不等同于认真倾听。事实上,认真倾听是亲密关系中最糟糕的建议之一。真正的紧密互动,需要你展现出真实的一面,而非小心翼翼。小心谨慎地与对方相处，使用"我在听你说""你不让狗出去，我觉得很受伤，我希望你能带它出去"或"我今天没打扫卫生，让你生气了"之类积极或适时回应的倾听语言，并不能帮你摸清争吵的本质。对，你是应该承担责任，但真正幸福的伴侣并不会用这种方式进行沟通。在亲密关系中，这些表达无法体现你和你伴侣之间的真实情况，它们不会给你们的生活带来真正有意义的变化。事实上，积极倾听算是最糟糕的婚姻干预——研究表明，积极倾听一点儿用都没有。

从矛盾到和谐

要建立真正的亲密关系，需要你投入很多。你在与伴侣互动时，会获得各种各样的体验——好的和坏的，令人感动或恼怒的，以及不可思议的。你在与伴侣分享自我和你的生活时，你们之间的互动可能是破坏性的，也可能是建设性的。那些破坏或建立起你们关系的事，可能会一度威胁到你们的亲密关系，但最终会加深这种关系。请记住，在亲密关系中，争吵的消极面也有其作用，有助于让未表达的渴望浮现出来，让你能够避开无效的模式，并通过不同的视角予以妥善处理。

我们会为你提供一些基本的准则，让你从破坏性的争吵和互动中得到回报。但现在，你要先知道，你的目标并不是要消除破坏性的互动——它们也是关系中的一部分——而是要发展出更多超越破坏性互动的建设性互动。

让关系的天平倾斜

请思考一下关于亲密关系的这个研究结果：导致伴侣分手的，不是他们之间出现了很多争吵和不愉快的消极互动，而是因为没有足够多的积极互动。

以符合你和伴侣渴望的方式投入争吵之中，会使你们关系的天平向积极的一边倾斜，这对你们关系的成功和满足来讲至关重要，也是你们应对争吵、度过低谷期的方法。在爱情这个背景条件下，争吵显得非同寻常。

听上去很简单吧？只要在你们的关系中多添加些积极因素就行了。不过，这虽然听起来简单，但也并不容易做到。进化让我们对消极情况做好了准备，所以我们要有意识地去寻找积极面，创造更愉快的体验，并让自己沉浸其中。我们越是这么做，适应力就越强。我们不会被对方的缺点轻易激怒，也会对自己和伴侣的经历持有更开放的态度。

建设性互动与破坏性互动的比例

对我们来说，建设性互动需要比破坏性互动多多少才够呢？戈特曼的研究给我们提供了一个很好的指导。幸福的伴侣在出现分歧和争吵时，积极与消极互动的比例是5∶1；而在最终离异的夫妇中，这一比例为0.8∶1，即小于1。还有一些感情非常稳固的伴侣，即便是在争吵时，他们积极与消极互动的比例也能达到20∶1。

因此，对于你所做的每一个破坏性的举动，都需要5个积极因素来抵消争吵带来的消极影响。这就意味着，你在争吵中每发表一句刻薄的评论，胡乱发动一次有害的攻击，翻一个白眼，做出一个轻蔑的反应，表现出一副厌恶的样子，自以为是地耸一下肩或充满牢骚地抱怨一句——本质上就是你做的每一件糟糕的事——都需要用5个积极的举动来平衡你们的关系。你不需要在纸上严格地做记录，但我们建议，你们最好对自己积极互动与消极互动的比例有个大体印象。在争吵的过程中，你每次用"有道理"代替"哦，是吗？证明给我看"，以及每次用自嘲或表现出好奇而不是摆出一副自卫的架势时，都是在为你们关系的天平添加积极的因子。你如果想要获得终极目标——幸福甜蜜，就需要做出20个积极的行为。即便到那时，你可能还是会做出一些无礼举动，脱口而出刻薄的话语，但你将会用更多的积极行为来抵消它们。

互动量表：从中性和破坏性，到建设性和创造性

请不要以为试图避免所有的消极互动就是好的。如果只有积极互动，你们的关系未免太不真实。而如果消极互动太多，积极互动不够，你们就会走向离婚法庭。伴侣之间互动的方式有成千上万种，可以建立也可以摧毁一段关系。这些互动中，多数都很微妙，难以进行评估。想象一条水平线，左侧的内容极具破坏性，右侧的内容极具创造性甚至能带来变革。左侧破坏性的互动在向中间延伸的过程中渐渐转变为中性，充满了一些无关好坏的信息交换。必要时，将你们的互动限制在不涉及个人的交流范围内，并不会让你们的关系变得更加亲密。

左侧的行为常常是自发产生、反射性的，而非经过深思熟虑、有意识的。虽然左侧的一些互动可能是爆发式的，甚至可能达到灾难性的程度，但左侧的多数互动都是日常的、表面的，并未进行紧密互动式的信息交换，具有看似良好的特征，通常还带有无意识的敌意。

> **使伴侣持续产生幸福感的动力**
>   在满足他们渴望的争吵中紧密互动（互动量表的右侧）
> **使伴侣失去幸福感的事**
>   分离、不参与、破坏性的互动方（互动量表的左侧）

互动量表

意识到渴望和情感

紧密互动

破坏性行为

被动破坏性行为 →

- **逃避**
  - 逃避
  - 筑起高墙
    - 沉默以对，一步不走，自以为是，冷漠，优越感
    - 深藏秘密
    - 心不在焉

- **维持和平**
  - 避免冲突
  - 假装友善
    - 戒却三角形
    - 抱怨，失宰睡
    - 不破坏现状
    - "软瘫"

- **虚假互动**
  - 不涉及个人的交流
    - 政治，体育，天气，手枪，意见
    - 事事小心

主动破坏性行为 →

- **批评**
  - 敌意的指控，人身攻击，轻蔑
- **指责、羞辱和评判**
  - 戏主和反击
- **侮辱**
  - 冷言冷语，翻白眼，嘲热讽
  - 有敌意的嘲讽和样子
  - 讨论家务顼事
  - 反复的低效争吵
  - 防御姿态

互动

- **积极、亲密、有意义的互动**
  - 容易接近和建立联系，开放，展现情感
- **负责**
  - 敕敞回应，幽默，快乐
  - 触及渴望
  - 减轻、感述
  - 真实，真诚，肯定

深度互动 →

- 触及彼此的渴望
- 能体会对方的感受，互相了解，亲密联系
- 发自内心，全体投入
- 双赢的关系
- 对双方有新发现
- 敢于冒险

变革性互动 →

- 更高目标
- 双方的渴望都得到满足
- 进入森林发现和转变之旅
- 充分表达
- 这段关系能对二人之外的世界产生更大的影响

第 5 章 ∝ 紧密互动　　85

右侧的行为是具有建设性与创造性的——它们是有意识、负责任的参与，由你感受到的深层渴望所驱动。当你们的互动属于这一侧时，你们的关系就会向积极面倾斜。你会敢于在亲密关系中冒险，大胆地进入森林之中。认知、意识和情感的多寡，是量表两侧的主要区别。如果我们位于量表的右侧，那么我们对自己的行为拥有清醒的认识，在用心进行紧密互动。而左侧的行为，大部分是习惯性而无意识的。右侧的行为包含着更亲密的情感，能够满足我们的渴望。我们的参与性更强，同时更易受伤，因为我们在以开放的态度学习和成长。而右侧也对应着更大的责任，你将在下一节中了解到这一点。

紧密互动的规则

紧密互动需要遵循一定的规则，否则将会演变为战争。我们需要规则来确保互动时的安全性。以下七条规则将指导你卓有成效地投入争吵。它们有助于促进创造性的参与，减少破坏性的互动。三十多年来，我们通过与多对伴侣合作，结合我们自己关系中的经验，总结出了这些规则，并对其进行了测试。

根据经验与观察，我们发现，对于争吵中的碰撞和摩擦，我们项目中的伴侣比多数人处理得更好，他们也能获得更多的亲密感和满足感，而一项关于我们学员的调查也证实了这一点。调查结果显示，完成项目培训的伴侣的离婚率是4%，而我们项目中全部伴侣的总体离婚率为7%~9%。更重要的是，这些伴侣的总体满意度和报告的相爱程度都很高。他们遵循着紧密互动的规则，充分、负责地投入争吵，在互动量表的不同区域跳跃，但主要集中在右侧。

承担自己的责任，是这些规则的核心原则。虽然最理想的情况是双方达成一致，共同遵守这些规则，但即便只有一方这么做，也会大大提升伴侣关系的质量,而且这样一来,另一方通常也会变得更有责任感。在争吵中,当你被怒火点燃,打算扣动扳机时,要做到这一点并非易事。然而,我们的项目中使用了六项技巧的伴侣最终都学会了承担这种责任,哪怕是在争吵结束后才做到的。遵循紧密互动的规则,有助于我们获得自由、建立信任,并能带来更亲密的关系。

紧密互动的规则	
规则一	突出积极面
规则二	弱化消极面
规则三	双方最多对现状承担50%的责任
规则四	双方都对获得幸福和满足感承担100%的责任
规则五	保持坦白,承认事实
规则六	争吵的目的是有所收获,而非表达反对
规则七	预设对方是出于好意

规则1:突出积极面

在互动量表中,左右两侧的区别是对渴望的追求程度。右侧代表着你们有着高参与度、充分的意识、充沛的感情、负责的表达,并融入你对内心深处的渴望的追求。

你们可以练习量表右侧的互动方式,突出你们关系中的积极面。

"互动"部分阐述了有意义的互动方式,在这种参与形式中,你们是接近彼此、负责和易感的。你与对方分享情感、幽默感和一种轻松的关系。你们真诚而真实地对待彼此。

"深度互动"部分触及了你们双方的渴望,你们都感到被了解、被欣赏。你们冒着更大的风险,但不会退缩。你们挑战对方,并从坦率的谈话中获益。

"变革性互动"潜入了更深的层面,大胆进入了森林——探索你和你们之间关系的更多可能性。你们毫无保留、彻底地表达自己,拥有了更高的共同追求,这会带来变革性的体验和突破。

向量表右侧进发的过程需要花点时间,也需要进行一定量的练习,但你将建立起更强的亲密感,变得更加满足。在学习触碰自己的渴望、冒险互动时,请保持耐心,相信不久之后,你和你们的关系就能向量表右侧发展。

量表右侧的基础

量表右侧的行为将使你和你伴侣的渴望得到满足,帮助你们建立起创造性互动的基础,并打破破坏性行为的限制。婚姻问题研究专家苏·约翰逊(Sue Johnson)指出了创造性互动的三个关键因素:易于接近、积极回应和情感投入,也就是说在情感联系中,要做到开放、投入并能给予对方回应。

> **你准备好进行创造性参与了吗**
>
> 请问问自己以下几个问题,思考你们的关系有哪些特征。
> - 你和你的伴侣是否易于接近?
>
> 你们是否能亲近对方?是否都感到被重视?
> - 你和你的伴侣是否会回应对方?
>
> 你们是否都相信对方会回应自己?你们能否轻松地得到对方的注意?你们能依赖对方吗?
> - 你和你的伴侣是否有情感上的交流和联系?
>
> 你们是否互相信任,关心彼此的伤害、恐惧、痛苦、愤怒和快乐?你们是否觉得自己与对方亲密无间?

投标：建立联系的妙计

你可能会认为，投标（bidding）这个概念的意思是让你的伴侣在一场无声拍卖会上为你竞拍一场浪漫度假，或在网上为你买一些情趣玩具。不是的。"投标"的意思是，你让对方注意你，并反过来回应对方希望你注意的请求。我们对爱与被爱、被关注、被倾听、被了解以及感到自己重要性的渴望，常常表现为一种强烈的冲动，研究人员称之为"注意力投标"（bid for attention），即我们每一个分享想法、关注对方、说"我爱你"、希望伴侣以笑意或拥抱或认可给予我们回应的时刻。回应"注意力投标"有多重要呢？最终离婚的伴侣对10次投标行为只会回应3次；而对关系感到满意的伴侣中，回应的次数高达9次。

你注意到伴侣的投标行为了吗

当你的伴侣为吸引你的注意力而"投标"时，你是否注意了到呢？你是忽略了它，避开了你的伴侣，还是对伴侣表达的事表现出了兴趣或关心？

请想象下列情景，如果是你，会如何回应：

1. "亲爱的，快看，那边有家DQ。"

   回应一："你说什么？"

   回应二：把车开到DQ的停车场，问伴侣想要什么口味的冰激凌。

2. "看，有只老鹰！"

   回应一："你打扫好房间了吗？"

   回应二："哇，在哪儿？我没看到呢。"

3. "你晚饭想吃什么？"

   回应一："随便。"

   回应二："我特别想吃＿＿＿＿＿＿。"

4. 你在聚精会神地看比赛时，妻子靠到你身上了。

回应一："帮我拿瓶啤酒，行不？"

回应二：看球赛的同时搂着她，或者跟她商量让你多看会儿，球赛结束后再关心她。

答案：还用说吗？

请记录一下你有意识地进行积极互动的次数。稳固的亲密关系中，存在着大量位于量表右侧的积极互动。请记住，和所有伴侣一样，这些伴侣之间也会发生争吵。不同之处在于，比起消极互动，他们的争论更加积极，破坏性的互动也会随着时间推移而逐渐减少。他们经常通过展现幽默感以及表达喜悦、感情、兴趣和认可，让天平向积极的一侧倾斜。

如果你持续留意自己与伴侣的互动，将更有可能使天平向创造性而非破坏性的一侧倾斜。你需要更多地分享你的渴望，表达你的感受，始终与对方紧密互动，欢迎对方的靠近，做出积极回应，并与对方建立起深入的联系。来尝试量表右侧的行为方式吧。你将抱着真实、负责、真诚的态度，全身心地投入情感互动之中，

在增加积极互动时，持续留意进展

你可以以从最左侧的逃避到最右侧的变革性互动为标准，评估自己一天中与伴侣互动的程度。每天在日记中记下自己取得了哪些进步、学到了什么东西、如何成长，以及你们关系中发生了什么变化。

规则2：弱化消极面

要遵循这一规则，你需要能识别出量表左侧有哪些破坏性行为。请注意这些破坏关系的行为：被动破坏性行为（逃避）、错误互动及主动破坏性行为。

"逃避"听起来可能像是中性的，但回避、拒绝投入、有所保留、守着秘密或心不在焉，对你和你们的关系而言都是有害的。这些消极行为对亲密关系的破坏性都已经得到了证明。

"错误互动"包括两个方面。一种是敷衍，包括：应付了事的沟通；小心翼翼地避开冲突；表面不错，但谁都没有说真话；无法抗拒"软瘾"的诱惑。另一种是虚假互动：你表现积极，但并没有充分意识到自己的渴望或心声，也没有投入感情。无论是政治、体育、家务琐事还是八卦，与个人无关的话题都是关系中的一部分，但如果这些成了你们谈话中的主要内容，你们就失去了获得亲密关系的机会，也无法建立起良好的积极互动比例。夹杂着指责、羞辱、争辩、发牢骚、抱怨和冷嘲热讽的对话可能的确火花四射，你们之间看似建立了联系，但这些互动只会让你们更在意自己的感觉，或引起下一类"主动破坏性行为"，我们将在下面谈到。

主动破坏性互动：天启四骑士

约翰·戈特曼进行过一项关于最具破坏性的互动方式的研究，你可以通过这种研究找到一种方式来评估你们的破坏性互动行为。这项研究的结果被称为"天启四骑士"，即批评、轻蔑、防御以及退缩或拒绝互动。这些沟通模式的出现，预示着一段关系行将结束。

每当你指责、抨击你伴侣的个性，或暗示伴侣身上有一些始终存在的问题时，就出现了第一个骑士"批评"。

"批评"为第二个骑士"轻蔑"创造了条件，而"轻蔑"最能预示婚姻的破裂。轻蔑表现为挖苦、不尊重、嘲笑、翻白眼、带有敌意的幽默或是嘲讽，这些都传递着一种信号——认为伴侣毫无价值甚至卑劣不堪。

　　第三个骑士是"防御"，保护你不受到你眼中攻击行为的伤害——你推卸责任，找借口，做出反击或是抛出其他各种盾牌。

　　多年来，当鲍勃和我争论的时候，我常常会为自己辩护。我确信，我只是站在自己的立场上。我不会承认鲍勃说的是事实，还会试图攻击他说的话。他总是告诉我："你太有防御心了。"对此，我会讽刺地大声回应："我没有！"而这恰恰证明我在防御。

　　第四个骑士是"退缩或拒绝互动"，出现在你在情感或身体上拒绝对方靠近的时候。这种情况可能包括从争执现场走开，看向四周或低下头，一声不吭，没有面部表情，保持防御状态或什么都不去想。男性常常会通过筑起高墙来减少情绪波动，但这会让女性变得更加咄咄逼人，从而形成一个恶性循环。

随处可见的"软瘾"

　　伴侣们在逃避与对方互动时，有一种特殊的自我欺骗的方式，我们称之为"软瘾"。玩手机、上网、疯狂追剧、吃个不停、喝酒、沉迷电子游戏、刷社交网络、过度工作、需要酒精或药物激发性欲……都是退缩和逃避互动的方式。"你爱……胜过爱我"类型的争吵，往往就显示了这种通过"软瘾"进行逃避的行为，比如"你爱手机胜过爱我"。

规则3：每一方最多对现状承担50%的责任

　　不管你喜不喜欢，我们都在双方互动的过程中起到了一定作用，正所谓一个巴掌拍不响。你可能挑起了一场争吵，而正是因为对方表现出了回击的态度，才加剧了你们之间的不和。就算你的伴侣有心解决矛盾，你对争吵或情绪化反应的投入也在一定程度上导致了当前的事态。

你可能没有清楚地告诉对方你想要什么，或故意挑衅对方，或没掌握好分寸，或者只是不停唠叨却不采取建设性的行动。有这些行为的也可能是你的伴侣。不管是谁挑起争端或让情况变得更加严峻，你们双方都是这个整体中的一部分。无论你们的关系中发生了什么，你们都负有部分责任。因此，当你发现你们在互相推卸责任时，记得提醒自己，你们各自需承担的责任，最高都不超过50%。

你也许会觉得这很难做到，但我们有个职业为小学教师的学员已经在他的班上教过这些规则了。他告诉我们，他教的三年级和四年级学生把这个"50%规则"运用到了他们的争吵中。举个例子，一个学生表示自己会在争吵中说："我才不玩这个游戏！"或"打死我都不会跟你做朋友。"而且她也会因此整日陷入苦闷之中。现在，她把50%的问题归结到了自己身上，会说："好吧，我确实有做得不对的地方。"另一个学生就会说："我知道，我也有错。"他们各自承担了50%的责任，解决了争吵，然后重归于好。

这条规则为下一条规则奠定了基础。

规则4：双方都对获得幸福和满足感承担100%的责任

让你感到幸福不是你伴侣的责任。尽管我们理应让自己的伴侣感到幸福，但幸福也是每个人自己的事。如果你希望能够改变现状，你应该自己来实现这一点。你渴望什么？你真正想要的是什么？你希望你们的关系变成什么样？你想得到什么结果？如果你想让伴侣对你更上心，或者承担更多家务，那么你能做些什么呢？如果你想让伴侣别花那么多钱，你又打算怎么做呢？顺便提一下，遇事就想一个人静静的人很少能实现量表中的变革性互动。

这里有一条建议：唠叨、指责和抱怨并不能改变什么，也无法让你变得幸福。这些都是不负责任的行为。请记住，你花了那么多年才成为现在的自己，你们的关系走到现在也经过了很久。所以，指望立刻发生改变是不现实的。为幸福而战的策略中也包括斗争，而不仅仅是简单的对话。进步来自不懈坚持和长期重视，而不是通过一两次行动就能取得的。不断与伴侣分享你的渴望，全身心、负责任地投入到争吵之中，如此一来，你的思路会更加清晰，你们能更理解彼此，改变也会自然而然地发生。

规则5：保持坦诚，承认事实

很多时候，伴侣在争吵爆发的过程中会说出很多真心话，但双方都不肯承认这一点。值得注意的是，当一方承认对方说的是事实后，争吵往往就结束了，因为在很多情况下，这些事实就是那个人奋力争取的东西——他们渴望得到肯定。有一条经验法则是，每当你的伴侣说出真相，就告诉他/她你承认他/她说的是事实，哪怕你已经快气疯了，不想让对方感到满意。如果你没有立刻意识到，也该在之后意识到时马上给予对方肯定。当然，没能让对方接受自己的观点会让你感到痛苦，或者让你丢脸。但即便是这样，你还是应该打破僵局，承认对方说出的事实。合适的说法有"你说得对""好想法""我没想到还能这样""我明白你的意思了"，甚至是不情不愿地承认"天哪，你一定要这么得理不饶人吗""话是这么讲，但我就是不喜欢你的语气"或"烦死了，你是没说错，可我就是不想承认，就不让你满意，我火气还没下去呢"。

出于同样的原因，当你错了的时候，你也应该承认。你够强大吗？能在对方说了正确的话之后表示认可吗？如果你把注意力集中在真相上，愿意在争吵中认输，不仅能在对方说出事实后表示认同，还能承认他的观点或感受要优于你的，那么你们将获得无与伦比的和睦气氛。在这种情况下，输即是赢，承认事实让你获得了自由。

规则6：争吵的目的是有所收获，而非表达反对

渴望意味着你要争取某种东西，而不是反对其他东西。你的伴侣可能在做一些激怒或伤害你的事，但他/她内心深处的渴望应该得到肯定，尽管要做到这一点并不容易。很多时候，我们为一些蠢事而争吵是出于自卫心理，然而我们却采取了于事无补的方式。我们的重点会被"你当时就是那么说的"之类的胡搅蛮缠或是芝麻蒜皮的小事带偏。这条规则要求你在对话时为争取而争吵，而非执拗地坚持自己的观点，或是一味反对自己的伴侣。遵守这条规则，你才能承认并拥有自己渴望的东西，充分、负责地表达自己的心声——以一种对对方更加敏感的方式。

这并不意味着你的另一半会立刻把你渴望的东西全部给你，从此你们之间不会再发生冲突。相反，关键是争吵的方式要有所不同：要有明确的目标。最糟糕的争吵中充斥着重复、辩解、唠叨、逃避和操纵行为。当你们争吵的目的都是争取某种东西时，你们会发现自己从未想象过的解决方法，这便是在冲突中实现双赢的关键。这需要你们掌握更多的技巧，负起更大的责任，但这类真正负责的交流会让你们彼此都对解决方法抱有更有弹性也更开放的态度。

> **停下来问问自己**
>
> 你争吵的目的是什么？答案应该与争吵背后的渴望有关。探寻渴望，是找到我们争吵目的的关键。当你了解自己真正的渴望

之后，就该对你的伴侣负责，向他/她承认你的真实情况。你将会在森林之旅中坚定地重新定位。

有意识地控制抱怨

抱怨某事不等于为某事而争吵。不要把发牢骚、抱怨和为某事争吵、承担责任以及追求渴望混为一谈。如果你不知道自己在为什么而争吵，就很可能陷入报复和惩罚的恶性循环。

规则7：预设对方是出于好意

你需要预设对方是出于好意，而非恶意。这并不意味着你或你的伴侣从没有过一些想在情感上伤害对方的时刻，不管是有意还是无意的。当然，你如果全身心地投入争吵之中，就可能会表现得很刻薄。同样的道理，你不该在出现分歧时缄口不言，或是把残忍的话吞下去。被动攻击式（passive-aggressive）的忍气吞声会让你心里很难受，所以如果你的伴侣说了一些贬低你的话而你没说，也并不是一件值得骄傲的事。

你需要学习如何才能预设对方是出于好意的。你要让这种预设成为一种习惯，多寻找你伴侣和你们关系中的积极方面，而不要假设对方会为你除去所有消极的方面。我们常常会审视对方哪里做得不对、如何不欣赏我们，甚至更糟——如何试图破坏我们的关系。研究表明，当我们这么做的时候，我们很容易忽视对方行为中好的一面，甚至消极地觉得他们没做过任何好事！

对那些预设对方怀有恶意的伴侣进行的研究表明，他们处于一种高度生理唤醒的状态之中——"对抗—逃跑—呆滞"（fight-flight-freeze）的模式被激活了。因为他们视自己的伴侣为敌人，甚至是来自邪恶帝国的掠夺者，而没有把伴侣视为朋友，或给予他们安慰、支持和安全感的来源。预设对方怀有好意，能够降低生理唤醒水平，抑制高度的警戒心，也为理解和同情提供了空间。

一对学习紧密互动的伴侣

要遵循紧密互动的规则，以及其他在互动中能做和不能做的事，需要时间和毅力，所以，如果你在第一次尝试时没成功，发现自己仍处在量表左侧，也不要气馁。请相信，就像杰克和萨迪那样，你们也完全有能力从左向右移动。

过去，杰克下班回家时常常筋疲力尽、跌跌撞撞地走进家门，一声招呼都不打，去完洗手间就把自己关进工作室，到了晚饭时间才出来。而萨迪照顾了几个孩子一整天，一直待在家里，一边看着刚会走路的幼儿，一边渴望着能有个成年人来跟她说说话，然后在她做晚饭的时候帮她照顾一下孩子。每个工作日，杰克从公司回到家中的这个时段都充满了紧张气氛和无数要求，以及不断升级的"你总是/你从不"类型的争吵，结果是，杰克回家的时间变得越来越晚了。

萨迪："你永远没空。我一整天都在等你回来，你却每次回到家就避开我们。"

杰克："你从不会跟我说些好话，总是让我觉得烦。少啰唆了。"

萨迪："你从不听我说话！你一点都不关心我怎么了！我一直在家跟两岁小孩待着，说话就只说两三个词。再这样下去我脑子都不会转了。你有你的办公室，你能整天跟成年人在一起。"

杰克："我回家是为了什么啊……每晚都得听你说这些话，你可真招人烦!"

杰克和萨迪很想扭转他们的关系,于是开始在"你总是/你从不"类型的争吵出现时,让自己向量表右侧移动。

从那刻起,他们便开始努力寻找自己真正渴望的东西。萨迪意识到,她非常渴望像一个真正的独立女性那样生活,而不仅仅是做一个母亲,成天都在满足孩子的种种要求。她渴望与真实的自己、杰克以及外面更大的世界联系在一起。而杰克在经过一番深思熟虑后,明白了自己渴望更集中、更平和、更安全的状态,也就是渴望安定和睦,这就要求他摆脱一天的紧张状态,与萨迪分享更多。

然后,他们便开始紧密互动,为他们的渴望采取行动,也变得更有责任心。他们开始运用参与的规则,承担起自己的责任,而不是把所有责任都推到对方身上。他们开始为实现渴望和有益于双方的改变而展开争吵。他们开始解决问题,也开始承认对方说的是事实,而不是一味攻击彼此的回应。

杰克负起了责任,带着良好的状态回家。他意识到,自己过去回家时总憋着一肚子火,但他没告诉萨迪工作中发生了什么,也没告诉她自己为什么有压力。他心烦意乱、怒气冲冲地回到家中,用比他讨厌的老板对待他还差的态度对待萨迪。

萨迪找到了一些能满足她"成年人关系"需求的新方法。她努力去感受在自己和孩子以外更大的世界。当这对夫妇走出"戏剧三角形",渴望也得到满足之后,他们找到了此前未曾想过的解决方案。他们共同努力,尝试了不同的方法来改变紧张的局面。例如,萨迪雇了邻居家的一个女孩来照看孩子,这样她就能在准备晚饭前拥有自己的时间,喝杯茶,去健身房,跟朋友打电话,出去坐坐或者读本书。

杰克开始在下班后锻炼发泄,这样一来便不会再带着火气回家。他回到家中时的心情变好了,期待见到妻儿,不会再因为一两个要求而充满怨气。就算会发生"你总是/你从不"类型的争吵,他们已经变得更关心也更欣赏对方了。晚饭后,萨迪和孩子会跟杰克玩一会儿,然后他们轮流给孩子讲睡前故事,一起做晚上需要完成的各种事,把正在学步的孩子哄睡着。他们对孩子在固定时间睡觉的要求执行得更严格了,因为他们开始珍惜夫妻相处的时间,想知道对方的一天是怎么度过的,分享各自的挫折和成功,享受彼此的陪伴,或是进行一些争论,但不再像他们过去那些"你总是/你从不"类型的争吵那样糟糕了。如今,他们学会了正确争吵,发表自己的不同观点,并适时调整自己的做法。他们不知道的是,他们正在从神经化学层面上发生着改变。

爱情化学

神经科学研究表明,当我们处于互动量表右侧、出色地运用互动规则时,我们体内以及我们之间都会产生某种惊人的化学反应。而当我们处于量表左侧,感到被批评、拒绝或贬低时,我们体内产生不良感觉的应激激素水平就会升高。我们就像是遇到了《哈利·波特》中的摄魂怪,它们会吸干我们快乐和积极的情绪。这些激素会使你大脑中的思维中枢关闭,激活冲突和厌恶情绪,并触发防御行为。这种反应会降低你与人建立联系、发挥同理心以及创造性思考的能力。你会变得更加敏感和被动,你将更多地看到伴侣身上的消极面和你主观臆断的结论,而非实际存在的现实,你还会错过你们关系中一半以上的积极面。

但当你处于量表右侧时,神经化学会带来神奇的魔力。积极的评论和沟通会促使后叶催产素(oxytocin)产生,它会增强你对人的信任感,并通过激活前额皮质中的神经网络,提升你的沟通能力。你与对方建立联系、产生共情以及创造性思考的能力都会提高。这时,你体内的每一个神经末梢中都充满了后叶催产素，这让你感到依恋与联系，促使你产生平静、亲密、安宁、有爱的感觉，同时减轻你的焦虑和压力，提升你在亲密关系中的技能水平。但催产素的作用并不会像皮质醇在我们的新陈代谢中那样长时间地持续，这也许可以解释我们为什么需要创造出更多来自量表右侧的"刺激"（每出现一个消极因子，就需要用五个积极因子来抵消）。

用正确方式与伴侣紧密互动的过程中产生的化学物质，有助于我们有效争吵。对方指出我们缺点的时候，我们不再充满防卫心，而是变得开放、客观。我们也不再只看到自己面对的问题，而是能够支持伴侣解决他/她面对的问题。在指出错误的时候，我们能够提出建设性而且有爱的批评建议，而非残忍地羞辱对方。

在量表右侧，也就是当你给予伴侣关怀，实事求是地表达自己的想法或表现出其他互动行为时，你体内的后叶催产素就会增加，信任感、幸福感和爱意也会随之提升。当你更多地置身于量表右侧，并能出色地运用互动规则，你就将体会到被爱包围的感觉。

一旦学会如何正确地进行争吵，我们的大脑就会产生更多后叶催产素而非皮质醇。我们不只是有了更好的感觉，我们以及我们的关系也会变得更好，使我们更能把这种充分、主动、深入的互动行为保持下去。这将指引我们在探索和发现的旅程中学习和分享，即便是在我们与伴侣发生争执的时候。这趟旅程，就是下一项技巧——揭露问题。

第6章 揭露问题
限制观念与未解心结

多数伴侣都认为，他们是在为争吵的话题而吵："你就不能改改不洗碗/乱花钱/玩手机的习惯？"我们只看到表面现象时，会忽略争吵之下和我们关系之中的真正问题。如果不深入到表象以下，尤其是在吵到兴头上的时候，你将无法发现控制着你潜意识的真正因素，还会错过藏在内心深处的东西。这就像是看着大海表面与潜入水下的区别。作家戴夫·巴里（Dave Barry）曾对后者进行过如下思考。

当你终于看到水下发生着什么时，会意识到自己错过了整片大海。一直停留在水面上，就如同去了马戏团，却只盯着帐篷外面。

例如，约翰通常会在需要晚回家的时候打电话告诉妻子玛丽，但在一年里，他会有10次左右忘记这么做，于是玛丽就会发火，说约翰"自认为了不起"，连电话都懒得打。然而，玛丽自己都不知道，真正的情况是，这类争吵中让她的过去无意识地浮现了出来。在玛丽的成长过程中，她的父亲常常不在她身边，她因此受到了很深的伤害。更糟糕的是，她的父亲总能抽时间跟她哥哥在一起，却声称工作太忙，没空陪她。约翰偶尔忘打电话的行为对玛丽而言，根本不是不准时回家或是没打电话这么简单的事。

玛丽潜意识里觉得自己不受重视的观念，在争吵中浮现了出来。我们指的是复杂的观念和其他潜意识中的因素，它们犹如我们体内的矩阵，控制着我们的感受和思想。获得幸福的第三个技巧是"揭露问题"，也就是看到争吵的本质，承认那些构成你思维矩阵的限制观念（limiting belief）。揭露问题意味着你要发掘出对自己形成局限的观念、程序、无意识的动机和更深层的真相，然后分享或揭露它们，使之变得更加真实、可靠和坦率。

你会发现，是什么让你和你的伴侣感到幸福，又是什么让你们失去了幸福感，以及这些观念形成的原因。你将挖掘出争吵的本质，明白为什么伴侣把衣服扔在地上会让你如此心烦意乱，对方的洁癖背后真正隐藏着什么，或者你对伴侣花钱的习惯感到生气的真正原因。当你开始更好地理解自己和伴侣后，你会明白是什么让你们互相吸引，会意识到自己潜意识中的渴望和期待，以及它们对你们的互动产生了什么影响，又是如何引起争吵的。你将不再只是简单地希望对方改变，以为这样自己就不会感到心烦，而是学会利用你在这段关系中的不良情绪，来加深对自己和对方的了解。

当你深入表象之下，抵达争吵的核心后，你就能在你们的关系中不断收获激动人心的发现。

使伴侣持续产生幸福感的动力
  更多地揭露自己的所思所想
  发掘并分享内心深处的东西
  理解争吵背后真正发生着什么

使伴侣失去幸福感的事
  为错误辩解
  无意识地让过去的事成为争吵的诱因，或是把过去的恋情投射到对方身上
  反反复复、循环不休却从未深入表象的争吵

在信念矩阵中寻找原因：过往经历之影

这一技巧将引导你认识并理解争吵中的无意识因素。你的潜意识其实比你的意识强大一百万倍。控制你意识的前额皮质每秒只能处理40个神经脉冲，而90%的无意识大脑每秒都能处理4000万个神经脉冲。

在一段关系刚刚开始的时候，我们常常会体验到"蜜月效应"（honeymoon effect）——我们更有可能活在当下，有意识地把注意力集中在对方身上，这会给我们带来更多的兴奋感和满足感。但是，随着现实生活一天天过去，潜意识开始占据主导，我们会受到发展早期的（通常也是潜意识中的）模式控制，过去的未解心结会浮出水面，还常常伴随着强烈的情绪，导致争吵频繁发生。

例如，迈克尔的父亲是个不讲道理的人，迈克尔小时候很害怕父亲，不敢面对他。现在，他与萨莉结婚了。萨莉性格强硬，很适合迈克尔。但当她表现出强势态度、不肯让步时，迈克尔就会爆发。他会挑起"推卸责任"型争吵，指责她自我中心，"惹他生气"。

虽然从表面上看，迈克尔是在为他们婚姻现状中的一个问题而吵，但他实际上是受到了萨莉坚定立场的刺激——这让他想起了自己听不进任何解释的父亲，想到自己当初是如何害怕他的。所以，如今的他其实是带着一种在过去形成的力量向妻子发火。迈克尔和萨莉都没有意识到真正发生了什么。

信念矩阵的形成

但是，我们的过去对当前关系的影响，要比这个例子所展示的情况复杂得多。在婴儿时期，我们的大脑就通过与父母的互动开始发育，形成了构建矩阵的神经通路，正是这种矩阵支撑着我们潜意识中的观念、感受和行为模式——我们的自我意识和认识，世界对我们的期望以及我们对世界的。在生命之初的7年里，你就已经下载了这个"程序"，而且只要你没有刻意改变自己潜意识中的复杂观念，它就将继续在你的生活中运行。在上面的例子中，当萨莉表现坚定时，迈克尔以为她会像自己父亲那样不讲道理、不愿让步，因此他爆发了。他斗争的对象其实是自己潜意识中对父亲的记忆，而非萨莉。

我们矩阵中的潜在观念歪曲了我们的思想、感受、认知和行为，以及我们在亲密关系中的选择。它控制着我们如何与他人相处，我们在亲密关系中怎样才会感到自在或不舒服，以及与伴侣沟通不畅时我们会多么愤怒。它决定了我们的情感，以及是什么引发了我们的争吵，而这一切都源于我们早期的经历。

虽然你对过去的事无能为力，但对现在，你可以做很多。没人拥有绝对完美的童年。而作为一个成年人，你需要在亲密关系中了解自己的缺憾在哪里，负起责任来填补这些差距，并从你童年发展停滞的地方开始继续成长。

内隐记忆——源于过去，存于现在

我们的早期矩阵通过编码进入我们的神经通路，几乎完全在我们的内隐记忆（implicit memory）中起作用，也就是说，这个过程存在于我们意识之外。内隐记忆是被储存起来的感觉，并不与具体的外显事件或记忆相连。早期记忆形成于我们掌握语言能力、逻辑思维或外显记忆（explicit memory）之前。你很可能无法准确回忆起你哭泣时到底发生了什么，你的父母如何把你从婴儿床上抱起，让你安心。你也记不清你的尿布多久换一次、穿过什么衣服、母亲身上的气味是什么样的、你卧室的颜色是什么，还有父亲给你唱了哪支摇篮曲。只有到出生一年半之后，我们才开始发展出外显记忆，能够记住具体的事件和细节了。

为什么这些事实很重要？因为虽然过去留下的内隐记忆储存在我们的意识之外，但它们会在当下某个时刻出现，藏在我们认为我们当前正在经历的事件之中。我们如今的经历建立在内隐记忆的基础之上，由我们的矩阵塑造而成。当我们感到愤怒、恐慌或深深受到伤害的时候，当下的感觉往往源自我们的内隐记忆，而我们却认为是正在发生的情况造成了这些反应。

我们不知道的是，当强烈的内隐记忆被触发时，童年的痛苦和恐惧会浮到表面上来。比如，这个过程可能会在你感觉伴侣没能支持你的时候发生，而你并没有意识到，你刚刚通过内隐记忆在自己的矩阵中打开了一个痛苦的阀门。你以为自己强烈的情绪反应完全是因为伴侣不够敏感，但尽管这也是一根导火索，大部分责任还在你自己的过去。

当鲍勃没能关注我的时候，我真的会很生气并感到受伤——在我看来，他是在故意无视我。如果让我在1（"没什么大不了的，对我完全没影响"）到10（极其郁闷和烦躁）之间打分，我能给自己在这种情况下的反应打到8分。现在我知道应该使用这种技巧：看向自己生气的背后，探寻到底是什么激起了我的愤怒。于是我意识到，这8分里大约有6分是源于我的过往，只有2分是由于当下我和鲍勃间的互动情况。属于我过往的那部分相当悲伤、痛苦、愤怒和无助，那是我的童年留给现在的影子，那个"我"常常觉得自己不起眼，而且对此无能为力。

要想掌握揭露问题的技巧，你需要学会识别自己的哪些反应与当下发生的事不吻合。我们把这一点带到意识层面上时，便会理解自己身上到底在发生什么，为什么争吵常常在表面上显得那么蠢，以及还有什么未完成的事需要去做。

> **对你的指责进行评估**
>
> 　　选出一件你们关系中令你非常为难、对伴侣心生厌恶甚至憎恨的事。在1~10之间进行打分，评估你的指责和这件事与过去你在原生家庭中或童年时的经历之间的相似度。
>
> 　　1分：我以前从来没经历过这类事（几乎完全否定）。
>
> 　　10分：这种感觉实在太熟悉了，所以我知道这件事的责任不完全在我的伴侣。是我自己的过去影响着我的反应。我把我妈/我爸代入伴侣身上了，我现在的反应跟她/他没有任何关系。

对自身与世界的限制观念

　　你可能会沮丧地发现，你跟伴侣刚刚那次激烈争吵的起因可能是30年前发生的某件事。但是，控制我们行为的限制观念与事实上的可能性是有区别的。你感知到的这些控制往往不是天然存在的，而是来自一种错误地将过去与现在联系起来的方式，但你可以通过学习对其进行纠正。在本书后面的部分，我们将为你解释该如何进行纠正，但首先，你需要在感觉、态度和潜意识中的观念之间建立起联系。

　　你一旦认识到自己童年时的思维是如何发展的，就很容易发现你对自身和世界的限制观念是如何形成的。这些观念不仅是有问题或不正常的家庭，或是糟糕的养育方式导致的，更关乎我们发展的本质。在早期，我们连语言能力和逻辑思维都不具备，无法理解自己经历的事。比如，当我们还是婴儿时，如果母亲有很多心事，承受着很多压力，容易在喂奶时生气，我们会有所感知。于是，我们会产生一种与这种经历相关联的复杂感受，这种感受就会让我们形成对自身和世界的观念。我们还不具备说"妈妈只是累了，她很爱我的"或"爸爸生气是因为工作压力太大了，不是因为我"的逻辑和理性思维。我们吸收着这些未经任何理性过滤的经历。

不只是你有这种来自家庭的限制观念，我们的文化中也有。为了挖掘出你在亲密关系中的全部潜力，实现良好的关系，你需要打破来自家庭和社会观念，关于亲密关系、情感、可能性以及哪些行为可以接受的魔咒。这其中的很多，你可能都无法识别出来，因为你把自己的思想、感受和行为都归因于日常生活中的具体事件，却忽视了正在被激起的内隐记忆。下面，我列出了你可能会有的感觉、思想和态度，以及你潜意识中相应的限制观念。

限制观念

我的感觉、看法或表现	我潜意识中的基本限制观念可能是
缺乏安全感 自卑感 优越感（自卑感矫枉过正的情况） 我怎么做都不够 我们的关系太脆弱了 我处理不了 不敢冒险 试图证明自己没事	我做得还不够 我不够好 我不行
踌躇不前 缓和自己的表情 如果我表现出真实的自己，我的另一半会接受不了我	我做得太过了
认为想要被爱就一定要满足特定的条件——完美、漂亮、富有、成功、性格好、聪明，等等	我必须努力才能被爱 我不讨人喜欢（在真实的状态下）
不能依赖别人 不寻求帮助 寻求帮助显得我很没用 我必须凡事靠自己	我孤身一人，无人可以依靠

续表

我的感觉、看法或表现	我潜意识中的基本限制观念可能是
我不能索要自己想要的东西 经常委曲求全 牺牲自己的需求来满足别人 不提敢要求	我不配 我不重要
我必须一直保持快乐 愤怒是坏事,需要隐藏或压抑 不可以难过	我的真实感觉是坏的,是错误的
总在向他人索取什么	我是一个负担
我没精力,没时间,没钱 我得不到足够的爱	我生活在一个稀缺的世界,无法获得足够的资源
我必须多付出、少索取 不能指望别人	世界上没人支持我 世界上没人希望我好
别人对我意图不轨 不时提防着威胁 抱有防御心理 随时准备面对最坏的情况	整个世界都跟我作对 世界上充满恶意
害怕承担风险	这世界很危险

找出你们争吵中的限制观念

请回顾上述图表。其中哪些是你的特点、想法、感觉和行为表现,它们暗示出了哪些错误观念?看看哪些是符合你的情况并在你们的争吵中体现的。

一个完美的冤家

我们并不是在贬低你对伴侣的选择。我们想让你认识到的恰恰是,你的另一半是完美的,因为他/她总能刺痛你深藏心底的未解心结。婚姻研究者哈维尔·亨德里克斯（Harville Hendrix）表示，我们在潜意识中无时无刻不在寻求弥补自己的不足，想找到一个能激活我们矩阵的人。你的矩阵中蕴藏着种种无意识的力量，驱使你去爱，去同伴侣争吵，这些力量就包括你的依恋图式、限制观念和内隐记忆。

你倾向于选择的，是最有可能激起你对自身和世界的错误观念、戳到你过去的情感创伤，甚至在你伤口上撒盐的那种人。他们会让你自己还未完善或未发现的每个部分都浮现出来。

这并不是某种可悲的玩笑——你命中注定要跟一个冤家对头共度一生，而不是爱上一个童话般的王子或公主。你如果想拥有充实的人生，就需要这样的一个伴侣。亲密关系中有一个无意识的目的：完善或继续发展自己，促进自己学习、成长，甚至实现自我改造。请记住，吸引力不只是化学反应。只有当对方符合你潜意识中对爱的"心理模板"——无论是积极还是消极的方面——你才会被他/她吸引，"坠入爱河"。

我们在确定一段关系时，都会有一个有意识的明确理由：我们相爱了；我们想与特别的人分享生活；我们无法想象没有他/她的日子。但在亲密关系中，无意识的目的很重要：为了完成我们未完成的自我发展过程，成为我们可以成为的人。我们经常发生争吵，正是因为那些未完成的任务显露出来了。这种情况的意义在于，它能帮助你意识到自己需要面对、理解、分享什么，才能学习、成长并实现自我完善。

移情和投射：与我同床共枕的那个人是谁

在关系确立初期，无论是否有意识，我们都在将自己期望的积极属性投射到另一半身上：他会爱我真实的样子；她会接受我、尊重我；他会带给我从未有过的安全感；她会让我充满活力、感到自己的特别；他的家庭就是我一直想要的那种。我们期望有人能带给我们稳固的感觉、自我接纳与活力,甚至让我们收获成功,所以我们进行着积极的投射。

但渐渐地,有些东西打破了这种积极的投射——我们发现另一半并不是我们曾以为的理想人设,于是冲突出现,我们潜意识中的内容以及矩阵中的内隐记忆开始浮现,我们开始将消极的特质投射到对方身上。这个曾经完美、体贴的人变成了一个冷漠、目空一切、迟钝、习惯性拒绝或是残忍的恶魔——无论哪种特性,都与我们过去内隐记忆中的某些重要的人有关。

这些情况经常出现在"你变了"类型的争吵中。虽然人们确实经常改变,但你投射内容的变化才是最令人不安的因素。我们参与的每一段关系中都有投射和移情(transference),这两个术语来自弗洛伊德和发展心理学,描述的是我们从童年时期的关系到当下关系的无意识情感转变。我们的一名学员清楚地表达了催化她争吵的愤怒与投射之间的联系。

当我了解了投射的概念后,有段时间,我发现自己的整个世界观和思考问题的角度都发生了改变。我开始发现,其实一切都源于我自己。我丈夫,以及每个让我生气、讨厌、责备甚至崇拜的人,其实都是我自己投射出来的一个方面。从这之后,我就开始以不同的方式对待他们了,也第一次开始真正了解自己。

能够认识到这种投射,是获得亲密关系和揭开争吵真相的关键。你无法与自己不了解、看不到的人建立亲密关系,你与他们相处的经历被你自己过去的影子所笼罩。建立亲密关系还要求你了解自己,也就是说,你要认识到自己是如何凭借过去的力量创造出现在的你的。

当我发现自己有多少次让鲍勃为责任不在他的事认错,我就感到懊悔不已。我意识到,我把我生命中某些过客的形象转移到了他身上,因此在对他进行惩罚。我看到的并不是鲍勃本人。我一直在用自己过去的模式解读他的行为，常常在他身上加上一层阴暗的滤镜，把与他无关的消极因素归咎于他，还"听出"了某些并不存在的语气。而当我开始认识自己的投射，并开始理解真正触发我的因素是什么之后，我便能找到源头，而不是把它投射到鲍勃身上了。我现在更加了解自己的投射心理了。当我的指控和反应超出了实际情况时，我会有所意识。对于发生了什么，我也能看得更清楚了。更重要的是，我能更清醒、更有意识、更准确地看到鲍勃真实的样子了，并且能更完整地欣赏和爱他。

> **认识你的投射：从过去寻找诱因**
>
> 　　当你在现在的生活中对他人产生强烈反应时，请用下列问题探寻过去体验塑造的投射和移情作用。
>
> - 这件事对我而言意味着什么？
> - 与它有关的什么事让我很困扰？
> - 有什么体验跟我现在的感觉很像？
> - 我以前什么时候有过类似的感觉？
> - 这件事让我想起了谁？
> - 这件事激起了我的哪些限制观念？
>
> 现在，就去与伴侣分享你的测试结果吧。

互补法则和无意识契约

　　互补法则（law of complementarity）意味着选择这样的一个伴侣——他/她能提供我们的东西，我们是无法提供给自己的。这一规律就像下面例子所示，是由无意识的投射驱动的。我们在无意识的情况下，与那个能与我们的生命形成互补的人达成了"契约"。

当乔第一次见到菲伊的时候，她富有表现力和想象力的说话方式使他着迷。她是如此具有创造力和活力，与他法学院的朋友和沉闷的成长环境中的那些人有着天壤之别。菲伊也很爱乔，她被他的坚忍和理性深深吸引，觉得跟他待在一起很有安全感。

菲伊生长于一个沉闷而严肃的家庭，是家中五个孩子中的第三个，她从小被责备轻浮、敏感、情绪化、表现夸张。而乔是两个孩子中的兄长，他的父母经常吵架，他是母亲的宝贝和全家的骄傲。

对于乔的理性而言，菲伊是一种情感上的弥补，而乔则对菲伊的情绪化也进行了弥补。他们的关系是互补法则的一个典型例子。他们从第一次见面起，就在无意识中初步达成了一项"契约"：菲伊为乔提供活力，乔为菲伊提供稳定。但随着时间推移，乔发现菲伊的行为方式让他很恼火，而菲伊觉得乔的刻板本性不仅无趣，还妨碍了他们的生活。几乎是一夜之间，他们就开始互相讨厌了。双方都开始厌恶对方身上自己起初喜欢的特点——"我受不了你"类型的争吵开始爆发。

乔对菲伊的胡思乱想感到难堪，对她的过激表现嗤之以鼻，把她当成疯子，会怒气冲冲地对她大喊："别这样了，快闭嘴吧！我受不了你没完没了地说些废话了！"

菲伊会答道："呵，是我受不了你对什么事都没热情。你这个大傻瓜！跟你在一起就像跟斯波克[①]在一起似的，你就算不高兴都不知道自己为什么不高兴！"

如果乔和菲伊不通过学习和成长发展出他们希望从对方身上获得的那些特质，有意识地学着改进最初的契约、克服互补法则的力量，那么一开始促使他们结合的东西，也终将让他们分开。

[①] 科幻作品《星际迷航》(*Star Trek*)中的角色，他是重视逻辑的瓦肯人和地球人的混血，缺乏情感波动。——编者注

揭露问题就意味着你们要探寻这种互补法则，并理解被双方带入这段关系的未解心结。对菲伊来说，关键的经验教训是要学会自我接纳。菲伊认为自己从乔那里得到的东西，正是对她的情绪化、富有表现力和创造力的行为方式的接纳。然而，乔最终会因为这些特点而排斥她，觉得她令人厌恶。而作为回应的揭露过程，能让菲伊变得更能接受自己。另一方面，乔要学会变得更加率性。他需要认识到，在他们的成长过程中，他弟弟表现出的自由自在的生活方式比他的有趣得多。他也应该在自己身上挖掘出菲伊的那种活力，这将让他更好地成长与发展。

幸运的是，乔和菲伊使用了获得幸福的技巧，通过揭露问题，发现了互补法则是如何在他们的无意识契约中发挥作用的，并向对方揭示了各自的未解心结。他们开始自己满足自己的需要，而不是继续依赖对方提供他们欠缺的东西。

乔开始认识到自己过分理智和控制欲过强的问题，并承认自己受过很大的伤害，因此想把一切都做到完美，成为家中的好男孩，也承认了这种生活有多么乏味和令人疲惫。他坦白，自己实际上很羡慕菲伊的无拘无束，也为她比他更懂得如何获得乐趣而心生怨气。他渴望感受这种想做什么就去做的自由，而不仅仅是做正确的事。

菲伊承认，她有时会故意表现得过分反复无常，目的只是激起乔的回应。她分享了自己童年时期受到的伤害和积累的愤怒，承认自己一直感到自己需要表现得浮夸才能得到一点儿关注，哪怕是批评。她不断地试图缓解家中过度严肃的气氛，结果还会被骂"轻浮"。对于这样的她，她家人的反应是更加紧张和疏远，而这只会进一步加剧她的夸张行为，因为她越发感到被抛弃和不安，怨恨他们只想控制她，而从来没有鼓励过她。而这正是乔试图对她做的事。

认识到这些事实并与对方分享，让他们变得更加亲密了。他们开始了解自己和对方，学会了用同理心进行思考并得以成长的新方法，甚至有了更强烈的改变自己的意愿。他们知道该怎样揭露问题了。

> **发现你们的无意识契约**
>
> 请在你目前和过去的关系中找出尽可能多的无意识契约。这些关系中，谁扮演了什么角色？你的幻想在哪里破灭了？你希望你的伴侣能带给你什么？当你们在一起时，你们之间的无意识契约是什么？比如，你是否认为他应该坚实可靠，而你活泼有生气？或者，她应该比较能干，而你是爱玩的那个？
>
> 也许以你认识的其他伴侣为对象，能更好地帮你思考。分析他们的相处模式、无意识或有意识的契约，可能比找出你自己的容易一些。

依恋图式与亲密关系

亲密关系是会让你感到舒适还是不安？

你的答案会透露你的依恋图式，这是一种在无意识中编码进入大脑的程序，会影响你们的关系。你如果理解了自己和伴侣的依恋图式，将能更好地解决你们之间的冲突。了解你们的依恋图式之后，你就能意识到另一半不是有意伤害你或忽视你，更好地理解对方。这种理解能力能帮助你在出现问题时放松心态。你能意识到，"他是对我的爱没安全感，并不是我不够爱他"。你的伴侣正处于一种无意识的依恋图式之中（顺便说一句，你当初就是被这一点吸引的）。依恋图式体现出了你们过往生活留下的未解心结，只有解决了这些未解心结，你们才能实现个人的转变和关系的成功。

在所有类型的依恋图式背后，都隐藏着对联系和安全感的渴望。但我们根据早期经历和对应形成的模式，应对这些渴望的手段有所不同。

你是否在回避亲密关系

如果你不希望跟伴侣关系太过亲密，就说明你在早期成长过程中缺乏良好的联系和依恋关系。你在表达自己的需要或表现出脆弱时，可能受到了忽略、惩罚或是挫折。你也可能曾经陷入令人窒息的关系。无论是哪种情况，建立亲密关系对你来说都是痛苦而失败的事，所以如今的你会通过避免建立关系来预防这种痛苦。你觉得与人太过亲近会让你很不自在甚至痛苦，所以不愿这么做。

如果你觉得亲密关系会让生活变得艰难，或者认为它无足轻重，或者觉得你一个人就可以，从而不希望发展亲密关系，那么你不太可能读这本书，毕竟你并不关心你们的关系，还会认为问题都是对方的。你可能会认为自己值得被爱，却不相信别人愿意或能够这么做。

无论你回避亲密关系的原因是恐惧还是否定它的重要性，你都会关闭自己的依恋系统，以此来避免痛苦。

这一点会在细微之处得到体现——你想要自己的"空间"，在人行道上走在伴侣前面，不想被"控制"，喜怒无常，喜欢独自行动，很难开口说"我爱你"或展露情绪和脆弱之处，在做爱时幻想别人以保持与另一半的距离。当你认为你们之间的距离感都是你伴侣的错时，这一点也会投射出来。

你是否渴望亲近，却害怕被忽视或拒绝

你渴望与他人建立联系，但在童年时期形成这些模式的过程中，你的照顾者没能始终在你身边，适时回应你的种种需求。当你成年后，你会担心伴侣是否在你身边，是否会注意你，对你的需要有所反应。当对方离开时，你可能还会变得焦躁、痛苦或愤怒。

对于自己是否被爱或值得被爱，你缺乏一种安全感。你的依恋系统反应过度，因此你常常做出一些极端的举动，试图获得对方的注意力和

感情。当伴侣不回应你时，你就会气愤和怨恨。这种情况在很多方面都有体现：发牢骚，乞求，大量发短信，发出性暗示。如果符合这种情况的是你的伴侣，他/她的可能表现有：吊胃口、希望你能读心或猜出发生了什么、争吵，甚至是批评或者惩罚你。

冲突型依恋图式

避免建立联系和疯狂地想从伴侣那里获得安慰和感情这两种相反的依恋图式，都会导致看似不可调和的争吵，伴随着一方不断逃避、另一方紧追不放的恶性循环，结果只会激起更多的逃避和紧追。通过挖掘冲突背后的东西，你将有机会解决这些冲突。你能看到紧追不放和逃避的背后隐藏着什么，并利用这些信息促进成长。

确定你们各自的依恋图式

哪种依恋图式与你的看起来最像？哪种与你伴侣的最像？你是不停逃避还是紧追不放，或是介于两者之间？请与你的伴侣进行讨论，并分析这些依恋图式在你们的关系和争吵中有何影响。

幸运的是，当我们掌握获得幸福的技巧后，无论在童年经历了哪种依恋类型，我们都将创造出安全感不断提升的依恋图式，并发展出研究人员所说的"后天形成的安全依恋"（earned secure attachment）。我们会对亲密关系感到自在，并学会相信对方一直在身边支持着我们。

依恋破裂：失去理智

失去依恋的威胁，也就是所谓的"依恋破裂"（attachment breach），是我们关系中的裂痕。无论你属于哪种依恋图式，依恋破裂都常常会引起强烈的情感冲突。对鲍勃而言，朱迪斯的消极逃避就是一种依恋破裂的情况。而对朱迪斯来说，这种情况出现在鲍勃没有给她足够关注的时候。在每一种情况下，依恋破裂都会让我们陷入不安，我们称之为"劫持杏仁核"现象。你大脑中的杏仁核"劫持"了你的思维方式，并触发了默认的行为——你的早期依恋经历被编码进入矩阵中的行为。你失去了理智，前额皮质失去了控制，丧失了清楚推理的能力。你可能会回避、拼命想引起对方注意、僵化、逃离或是以其他方式崩溃。

虽然杏仁核有着很重要的作用，但这种一触即发的区域可能会在这种快速反应中变得反常、不靠谱。我们思考问题的角度会变得不理性。甚至在前额叶和新皮质感知到威胁之前，大脑边缘系统中的杏仁核就会做出反应。杏仁核会分泌大量的肾上腺素和皮质醇，向身体发出对抗、逃跑或呆滞的信号。这种释放到大脑中的化学物质会削弱我们的工作记忆，导致我们无法进行复杂的思考。我们脑内的边缘系统不希望我们花时间去思考，只想让我们对抗、逃跑或呆滞！这种生存机制让我们在理性大脑有时间思考之前，就对事情做出反应。我们的依恋破裂现象也常常会以这种方式触发对方的。当鲍勃忽视朱迪斯的时候，她感到受伤，想要消极逃避，而她的这种行为会让鲍勃暴跳如雷。

找到它，制服它

在遇到这些情况时，请退后一步，对自己说："哇，我怎么了？我是被什么（生气、暴怒、惊慌、呆滞、麻木、沉默或激动）触发了？啊，就是这样，我被杏仁核'劫持'了。"如果你能有

> 这种自我意识，学会如何在这些情况中做出不同的反应，你就可以揭露自己的问题，最终能把自己从这种反应循环中解放出来。你将可以选择一种新的、更好的行为方式。请不要怀疑自己的能力。其实，三年级小学生就已经能识别出这种"劫持"并避免冲突了。

隐藏在虚假自我之下的未解心结

揭露问题的方法为自我发现提供了强大的基础。你剖析自己的争吵行为时，将从早年的经历中认识到值得学习的模式和教训。接下来，你便可以继续你无意识的未解心结了。

我们每个人都有这样的未解心结，它们来自我们的矩阵、依恋图式、内隐记忆、投射和移情中的限制观念，这些事常常会触发我们的争吵或逃避行为。我们的争吵表明，我们有一种承认、理解、接受和解开心结的需要。这就一定意味着，我们要学习一些曾经逃避过的或压根没认识到的教训。

我们的未解心结常常隐藏在某种屏障之下，弗洛伊德称之为"自我理想"（ego ideal），而其他人称之为"虚假自我"（false self）。这是我们向世界展示，同时希望世界认同的自己。我们被教导说，我们身上只有某些部分是好的，所以我们就只把那些部分展示出来。

我们否认了自己身上的其他一些部分，认为那些部分是不好或不会被爱的，所以我们在对别人，甚至是对自己的时候，都把它们隐藏了起来。我们隐藏的是自己身上不被接受的那些方面：异议、情绪、伤痛，甚至是快乐。所以我们向别人展示出来的，只有虚假自我中能被接受的部分。而那些与我们亲近的人，比如我们的伴侣，很有可能看到或激起与我们的理想自我不相符的那些方面。

认识到自己身上这些被否认的部分并重新看待它们时，我们就可以开始解开心结了。"你跟你妈/爸一个样"类型的争吵最容易让你认识到这些部分。当我们辨认出自己身上的这些部分后，我们通常会想为自己辩护："我不是这样的。"但我们就是这样的。我们否认自己身上与家人相似的部分，而我们的另一半却清楚地看到了它们。我们需要承认并整合自己的各个方面，尤其是藏在我们虚假自我阴影之中的部分，这样一来，我们就能变得完整，发展成为更好的自己，并建立起稳定的关系。

鲍勃母亲对他的一个批评是："你跟你爸、你叔叔和你爷爷一模一样。"他花了好多年时间才能重新看待和整合他曾经试图压制的那些方面，因为它们似乎让人无法接受。

如果你否认自己身上的任何一部分，即便是最不吸引人或最不受欢迎的，也会让你们错过最亲密的体验。我们当中有很多人生活在恐惧中，害怕被人揭穿，害怕他们发现我们不够好。"他说他爱我，但如果他真的了解我的话，就不会爱我，也不会想要我了。"当我们试图隐藏起自己的这些部分时，我们还要努力防止它们被发现。

当你的伴侣指责你太挑剔、没爱心、刻薄或者其他被你自我否认的部分时，你会试图保护你的虚假自我，随后争吵就会迅速升级。这样的结果是，争吵和逃避都将停留在表面。多数情况下，我们会通过指责对方来保护虚假自我，导致争吵变得不负责任或混乱不堪。

请回忆一件你的伴侣指责了你，让你感到怒不可遏或是无比伤心的事。你强烈的反应很有可能是因为他/她说中了某样让你觉得自己很糟糕的事。这其中就暗含着你的虚假自我的内容。

当鲍勃说我表现得很刻薄的时候，我会变得急于防御，用一系列理由为自己辩解，还常常会进行反击。对我而言，刻薄是一件很可怕的事。"我是个很好的人，我怎么会刻薄呢？"刻薄意味着我不讨人喜欢，甚至不是个好人。我希望鲍勃和其他所有人都视我为一个善良体贴、有同情心、关心他人、心思细腻的"好人"。多亏了"揭露问题"的技巧，我意识到自己并不需要一直当好人。我可以让自己公开、坦诚地生气，可以表现出刻薄，并承认自己做得不对，而不是一味否认，为自己辩解："哦，我不是故意的！"或者找其他借口。

接着，我运用了下一个技巧，展示出更多的自我——从尖锐的评论到强烈的怒火。讽刺的是，我却变得更值得信任了，因为我表现出的自己就是真实的自己。我不会表面风平浪静，却在心里强忍怒气，而是变得更加表里如一。我还觉得自己获得了更多关注，甚至更加讨人喜欢。我开始不再掩饰自己的判断，而是直言不讳地、强有力地表达出自己的观点。（就是我过去总是批评鲍勃的那些行为！）结果，鲍勃喜欢上了"坏朱迪斯"。现在，当他说我刻薄的时候，我会说"谢谢，我可是下了大功夫的"。

你在隐藏和保护什么

你需要不再保护自己的虚假自我，因此，请列出你隐藏的那些部分。首先，按照你最能接受到最不能接受的顺序，排列以下五种基本情绪。

　　快乐　悲伤　愤怒　受伤　恐惧

你最不能接受的那项适合作为你的切入点，帮你寻找被你的虚假自我遮蔽的部分，这些部分也被称为"被否认的自我"或"影子自我"。

现在，请想一想你隐藏起来或试图弱化的其他特征，比如下面这些。也可以询问朋友对你的想法。

　　挑剔　八卦　敏感　强势　软弱　情绪化　胆小　刻薄

你觉得这些特质是不好的，如果你表现出它们，那么你就不是个好人，因此你会隐藏、弱化或否认它们。在亲密关系中，我们曾经多么努力否认它们，就需要多么努力地去改善它们。

毫无保留的沟通

"脱光"听起来是个提升亲密关系的好方法，无论是字面还是比喻意义。请记住，"揭露问题"意味着倾尽你的遗憾，这就包括袒露你的灵魂，脱去情感的铠甲，展现出更多的自我。当你们的争吵激起了你的感受、童年时埋下的诱因以及隐藏在表象背后的未解心结时，你需要与伴侣分享它们。

放下你的戒备，展示你的脆弱面，分享真实的自我——对，每一个方面的你。你要与伴侣分享矛盾、不安、尴尬的部分，柔软的情感，过去不愿承认的愤怒和恐惧，遗忘已久的童年往事和记忆，你想保守的秘密，不想让任何人看到的种种自我。如果你在争吵中表现得不负责任，请承认；如果你感觉受到了伤害，就痛苦地叫出来；如果你用沉默惩罚对方，请坦白；如果你感到生气，就实话实说；如果你感到害怕，请勇敢承认；如果你感受到了温暖和温柔，就用言语和行动表达出来；如果你不知道究竟发生了什么，也请坦白承认。

搞清楚争吵背后发生的事并与对方分享，可能是亲密关系中最重要的任务之一。分享这些能够体现你脆弱之处的发现，既能让你们此后的冲突变得更亲密和有效，又能带来情感和身体上最棒的交融体验。

现在，你们将不再把争吵看作一个问题，当你在触发这些争吵的潜意识层面进行挖掘时，争吵便成了一扇通往自我认识、发展成长、深层理解和更亲密关系的大门。由于你已经学会深入挖掘，你和你的伴侣将会化解争吵，更好地理解彼此，变得更有同理心，在你们为幸福而战时收获更多亲密。

你一直在向前走，深入未知世界，相信自己将发现你的矩阵和未解心结中存在的限制观念。你将这段发现之旅与对方分享，你在那里发现了自己曾否认和隐藏的自我的丰富之处。现在，你已经准备好要付出代价并收获回报——也就是改变自己的想法、感受和行为。你已经准备好要解放自己，拥抱全然真实的自我，使自己摆脱限制观念的束缚，并在着手解开心结、打造全新的自己和关系的同时，体验崭新的生活方式。

第7章 解放自我

摆脱思维与行为定式

当你实践第四个技巧"解放自我"时,你将思考不可想象的东西,说不可说的话,做曾经觉得不可能的事。你将挣脱自己在"揭露问题"阶段发现的限制观念的矩阵。你释放了自己,实现了最好的自我,并与他人建立起全新的关系。"解放自我"并不适合胆小的人。它需要自我认识、冒险精神和胆识——但值得挑战的事中哪一件不是这样的呢?

"解放自我"是实现新关系模式的关键——这是一种变革型的冒险模式,我们可以在其中成长,并形成与伴侣相处的全新方式。这种机会对你在"紧密互动"和"揭露问题"的过程中发现的限制观念的两个方面形成挑战:对你自己的以及对你们关系的观念,包括对争吵和亲密的看法。在这种模式下,建立关系的目的不是为了找到合适的伴侣,而是为了让自己成为合适的伴侣,到那时,你们都将朝着更大的目标而努力,成就最好的自己。

是时候打破你在亲密关系中的旧习惯,为你自己和你的关系而奋斗了。你需要去冒险,去尝试。你要为真正重要的事情而争吵,不仅仅是为了感觉更好,更是为了变得更好。从你的矩阵和限制观念中挣脱吧,去尝试拥有更棒的观念并付诸行动。一旦你解放了自己,争吵的目的就不再只是让另一半扣上牙膏盖或同意多做爱,而是为了维护自己的权利,发挥自己的作用,向彼此表达尊重和关心。你们争吵的目的将是挖掘出各自的潜力,发现你们关系中的种种可能性。

自由去爱

想要打破束缚，获得自由，就需要让自己处于自由的状态之中。维琴尼亚·萨提亚（Virginia Satir）是著名的伴侣和家庭关系治疗师、"人类潜能运动"（human potential movement）主张的倡导者，她认为，在亲密关系中，有五种可以指引你解放自己的自由——也就是我们希望你在争吵或亲密关系中体验到的东西。

- 看见和听到当下情况的自由，而非接受对应该怎样、过去怎样或未来将怎样的限定
- 表达自己想法或感受的自由，而非只能说该说的话
- 感受自己真实情绪的自由，而非只能拥有该拥有的感受
- 要求得到自己想要之物的自由，而非总要等待他人允许
- 自主冒险的自由，而非永远只能选择安定，不敢破坏现状

当你学会与这些自由相伴之后，你将自然而然地通过前三个技巧收获新的发现，而这些发现将指引你解放自己。

循序渐进

尽管练习获得这些自由需要你冒险进入未知世界，但解放自己并不是一蹴而就的事。你将从认真完成每一个小步骤开始。在下一章中，你将学习如何重复这些步骤，以获得持久的变化，即重建矩阵。现在，请集中注意力，全身心地挑战限制观念。

如果你在最寻常的行为中稍微多走几步——多想一个更冒险的念头，多说一点真话，在冲突发生时更加努力互动一点，进一步打破自己

过去在亲密关系中的习惯——就有机会解放自我。你有意识的目的会激发一种能力，让你在通过揭露问题获得的新发现的指导下，产生新的观念、思想和行为的神经通路。你将通过做些不同的事，多向外走一点，走到舒适区的边缘，但并没有完全走出它。这样做能"唤醒"你的大脑，向它发出呼唤注意力的信号。

戴夫和希尔蒂发现，循序渐进式拓宽舒适区的做法带来了巨大的影响。希尔蒂心烦意乱，怒气冲冲，打算和戴夫大吵一架。于是他们开始了一场"财务纷争"型争吵，然后在中途把它转变为一场解放自我的行动。但是，先让我们来看看他们自己是怎么看待这场争吵的演变过程的。

戴夫："我当时在做早饭要吃的华夫饼，希尔蒂一脸不爽地走进厨房，想跟我吵架。我妻子不是个柔弱的女人……她生起气来很可怕。她开始口头攻击我。我告诉她我不想吵，她说她想。这时候我记起了朱迪斯的话，于是看着她的眼睛，给了她一个拥抱。于是她就心软了，告诉我她快崩溃了，因为家里乱得一塌糊涂，我们没钱去过豪华假期，还刚刚花了一大笔钱买车，她需要大哭一场。虽然听起来有点奇怪，但我为自己有办法应付当时的情况而感到高兴。在此之前，我们在那种情况下都会经历'依恋破裂'的情况，被杏仁核'劫持'，并在那种情况下开始无效的争吵。"

戴夫没有像往常那样从争吵中逃跑，也没有躲避妻子的愤怒，而是转过身来，直接面对了争吵。他识别出了希尔蒂的愤怒背后隐藏的痛苦和不安，用一个拥抱安慰了她。希尔蒂融化在戴夫的怀里，消了气，卸掉了铠甲，与他分享自己的恐惧、痛苦以及自己身上发生的真实情况。她回想起并解开了源自童年的一些心结，摆脱了虚假自我，他们心无芥蒂地拥抱彼此。

希尔蒂："我每天都能感觉到紧张的气氛，因为那辆车花了我们太多钱，我们出发去度假的日子马上要到了，但我们没钱好好玩了。我很暴躁，会因为孩子犯了点小错就冲他们发火，跟戴夫也没有眼神交流。我不愿意面对钱的事，让自己沉浸在家务活里。在三天消极的心理活动和用沉默向身边人施压之后，我爆发了。我跑下楼找到戴夫，他完全不知道发生了什么。我开始对他大喊，说他根本不关心我们的经济状况。他抱住了我，然后我开始哭，告诉他到底发生了什么。我强烈地想和家里人在一起，于是精心计划了假期。但我没有考虑过钱的问题，因为我不想面对我们其实负担不起那个贵得离谱的假期的事实，尤其是刚买的车还花了那么多钱。我还承认我感到尴尬，因为我身上带着来自原生家庭的恐惧和焦虑，我不希望那些情况在我跟他之间重演。等我能够理性思考，说出真话之后，我终于感到轻松了。"

挑战你对自己的限制观念

如果你一直在努力实践这些步骤，在自己想逃避或者发生争吵的时候合理运用它们，你就可能会注意到固化模式的存在。无论你陷入了"财务纷争""原生家庭矛盾"还是其他任何一种类型的争吵，你都会在其中发现相似的渴望、错误和限制观念。

在我们婚姻之初，鲍勃有话都会说出来，而我不会。他会在沮丧的时候大喊："跟我说话啊，妈的。快跟我说话，就是现在！"我跑到另一个房间，他就会追着我过去。我会当着他的面把门甩上，尖叫道："让我一个人静静！"然后他会喊得更大声，我也会逃得更快。我感到郁闷，不想说话，怒火中烧，心烦意乱，便会独自写起日记。我自导自演着一场"我受不了你"型争吵。

有时候，鲍勃会在聚会上讲述事情或发表意见，我们就会在回家的路上爆发"你让我觉得丢脸"型争吵。最激烈的几次中的一次，是因为他对我姐姐和姐夫发表了某些意见。在车上的时候，我情绪激动地说："真不敢相信你会跟他们说这些，我尴尬死了。你怎么能这样？谁给你的自信，觉得他们会在乎你怎么想？你知不知道，他们永远不会当面反驳你的？我现在几乎能听到他们在怎么说你。"

我开始注意到，这些争吵中有一种固化模式，而且不完全是关于鲍勃的。当我深入探究时，我发现我的家人都有我这种观念。我们觉得世界是一个冷酷的地方，不会容许任何人犯错，因此做一个好人的标准便是不谈论自己，也不去挑战别人。我和我的家人们都陷入了一种自我实现预言之中，而鲍勃违反了这些规则。

而鲍勃则是一个固执己见的人。起初，我被他独到的观点、无所不包的好奇心、深刻的洞察力所吸引，但后来，我对他的迷恋变成了气恼和指责，无法忍受他那些貌似傲慢、强硬的观点和没轻没重的玩笑话，这些负面情绪还会演变成"我受不了你"型争吵。最终我意识到，真正困扰我的是，我习惯了我说的话没人听，不认为需要直接表达自己的观点，也不觉得自己有资格这么做。我想象不出期待别人倾听我说话的心情，更不用说让人们尊重我的想法了。我的错误观念在于，我认为自己无关紧要，没人会真正注意或理解我，除非是跟我领导的工作或项目相关。于是，我心生怨气，认定他也是这样。我把自己对自我的否认和武断看法投射到了鲍勃身上，还因此怨恨他。把这一点告诉自己比向鲍勃承认容易得多。我宁愿继续这么自以为是，也不想对他卸下心防或让他好过。

我没有一直陷在这种限制观念里，而是学会了表达自己的观点，也相信别人会听了。我需要转变这种觉得别人不会关注我或不听我说话的错误观念。如果我不说出来的话，别人又怎么会听到呢？

我还通过把自己推出舒适区，有理有据地坚持自己的立场，表达自己的观点，提出反对意见以及在感到受伤且想反击回去的时候坦白承认，进一步解放了自己。我开始认识到，我可以坚持自己的想法，而不必发生争吵。我逐渐走到了更远的地方，说的话也多起来了，并开始要求别人倾听。

在我们进行自我发展的过程中，不只是争吵减少了，鲍勃也经常向我让步了。这更加强了我解放自我的决心。我意识到，我现在可以期待他人的倾听了。或许更让我惊讶的是，我越是敢于表达，鲍勃就越谦和。我们仍有争吵，但现在更可能是闪电般的争吵，我们会迅速解决，并共同更理智地决定，对我们双方和我们的工作而言都更好。我在解除自己的一些心结。这就好像一个幽灵般的孩子，从小没人关注，孤苦伶仃地活着，如今却长大了。

> **反思你的限制观念**
>
> 我们猜想，你也有着与朱迪斯类似的关于限制观念的故事。请仔细思考，你有哪些限制观念，而你需要怎么做才能从中解放。如果你不确定该如何解放自己，就请继续往下读。

通过设立愿景与坚持，转变观念

要改变限制观念，并不是口头说说或有美好想法就行的。解放自我需要实际行动，而非心理建设。你需要反复实践，并相信这些"赋能观念"（empowering belief）是有效的。请在日常生活中给自己规定任务，与你的限制观念斗争，发展出新的思考、行为和感觉模式，即我们定义的"任务型生活方式"（assignment way of living）。

我们并不是让你进行积极的自我肯定（它们不管用）。相反，我们是在鼓励你用与这些赋能观念相一致的方式行事（这才是有效的）。如果你花时间去想象使用不同行为方式的场景——比如发生了某种情况，你将怎么做——效果会更好。你设立的可能愿景越多，你就做得越好。

解放自我意味着去尝试采用新的行为方式，这些方式应该与你新的赋能观念相一致。在刚开始的时候，你可能并不相信。但如果你抱着"宁可信其有"的态度，试着接受一种赋能观念，就好像你真的相信它一样，你将发现它会成为你的一种新观念。比如，如果你感觉自己无关紧要，但表现得好像自己是一个非常重要或讨人喜欢的人，你就更有可能发生改变，真的成为这种人。

从解放自我的任务出发，以赋能观念指导行动

1. 选一个你在"揭露问题"时发现的限制观念（例如"我不够好"或"我不重要"）。

2. 你想借助怎样的赋能观念生活？为了帮你选出更多有用的赋能观念，请看看下列哪些观念能引起你的共鸣。

限制观念	赋能观念
我表现得太过了。	我的感受和想法都是合理的。
我不重要。	我很重要。
我不讨人喜欢。	我很招人喜欢（人们会喜欢我真实的样子，我不需要处心积虑就能得到爱）。
这世上充满恶意。	这世界能给予我力量，其他人也都希望我过得好。
我无法得到足够多的东西。	我拥有很多资源（时间、金钱、爱、精力）。
我不够好。	我够好。
我是一个累赘。	别人觉得有我在真好。

第 7 章 ▶ 解放自我　129

3. 确定（明确）你将采取哪些行动来实现新的观念，这些观念也应该挑战你的限制观念。举个例子，你可以问自己："如果我相信自己很重要，我会怎么做，会有什么姿态与何种言行呢？"现在，请在下列行为中做些选择。

- 每天至少要求得到自己想要的东西一次。
- 每小时至少试着遵循自己的渴望一次。
- 用骄傲的姿态站立、行走。
- 每天表达自己的观点和喜好五次，包括晚饭吃什么和去哪里约会。
- 记录下能证明你很重要的事，包括你每天所做的重要贡献以及伴侣为你做的积极的事。

4. 现在，请实施这些行动。在每一天中，你都要成为一个真正拥有这些新的赋能观念的人。你要时刻意识到，这些就是你需要关注的。请记住，你选择的行动不一定要很夸张。事实上，把行动切分得小一点更好，如此一来，你实施的频率会增加，也会更容易坚持下去，而这些至关重要。继续扩展你的舒适区，并实践本书其余章节中的练习吧。

5. 记录你在采取行动后的感受。

挑战你对爱情的限制观念

到目前为止，我们关注的都是你对自己有哪些观念，以及它们在你们的争吵和关系中发挥着怎样的作用。但现在，是时候挑战你对你们之间关系的观念了。"解放"意味着打破这些限制观念铸造的牢笼。这么做的时候,你将体验到更多能让你们更幸福、更亲密的时刻,而让你们感到不幸、拉远你们距离、导致你们相互不满的情况则会越来越少。

> **使伴侣持续产生幸福感的动力**
>
> 新鲜感
>
> 解放自己,获得新的生活和行为方式
>
> 真实,敢于表现自我
>
> 激动人心的争论
>
> 为亲密感大胆冒险
>
> 相互肯定,赞美对方的成就,为彼此提供能量
>
> 共享权力并分享各自的决定,有良好的团队合作氛围
>
> **使伴侣失去幸福感的事**
>
> 无聊感
>
> 反复上演一成不变的争吵
>
> 小心翼翼,控制欲强
>
> 生活单调,挫败感,缺乏改变或成长,看不到改变的希望
>
> 得不到肯定,无法体现自身的影响力
>
> 永无止境的权力之争

我们都受到一种源自既有关系模式的观念的影响,这种模式要求我们维持现状,认为不破坏现状、不生气、不争吵,一味和睦相处才是正确的。但是,这种旧模式并不能改善你们的关系,也不能让你自己变得更好,它只会让你们陷入困境,无法发展更深入的亲密关系。旧模式的根源在于,你们内心深处潜意识认为,你们自身和你们之间的关系都很脆弱,缺乏弹性,无法成长与发展。

我们每个人都需要建立起关于新型争吵和运用新型赋能规则的模

式，这些规则会挑战你和你们的关系，并让你们得到成长。我们知道，解放自我的过程与我们所熟知的旧规则相悖，然而，这才是关键。同时，因为这些采用了赋能观念的新方式乍看可能不舒服或不熟悉，所以你可能会开始怀疑自己，想不通自己为什么要没事找事、挑起争端，为什么要冒险，为什么要说出心里话。无论你的限制观念的局限性有多强，要打破它们，你都会违背想规避风险的潜意识。请记住，你要打破这些规则是有原因的：为了获得你能得到的最好的关系，成为你能成为的最好的人。为了让你更安心地采取这些新的行为方式，我们想与你分享我们在针对亲密关系的研究工作中得到的发现，以及这些研究表明了哪些有利于开展创造性的争吵、建立良好关系的内容。

行动起来，打破关系中的旧规则

旧规则要求你时刻保持小心，把你自己和你们的关系当成温室中的花朵，在现实生活和真爱中无法尽情绽放。但你也可以选择检验你的关系，按照紧密互动的规则全力展开争吵（规则并不包括辱骂对方），这样你和你们的关系就能变得更有复原力。以下是一些非常有效的解放自我的技巧，能帮助你打破限制你们关系的旧规则，建立起一种新的关系模式，将关系提升到新的层次。

认清你的恐惧，勇于打破平衡

在你们的关系中，哪些平衡的现状是你不敢或不愿意打破的？你是否因为害怕挑起事端而不敢要求太多？你隐瞒了哪些事？想一想你为了让情况保持平稳、不威胁你们的关系，采用了哪些方法？让你的渴望指引你。你是否不喜欢你们晚上的活动，或是约会、花钱、打发时间的方式？你又是否在精神、性生活或家庭生活方面想要得到更多？提出你的问题。就此好好谈一谈。

表现真实的你，而非谨言慎行

真正的互动是指你表现得坦率、真实、不经粉饰，而非时刻谨言慎行，还意味着你更可能挑起争吵。但这就是关键——与对方在一起的时候做自己，把冲突展现出来，这样你们才能对其进行处理。想获得真正的亲密关系，就需要对彼此卸下防备，表达内心深处的真实想法。找出你心目中的雷区，想想你为什么会害怕谈到这些话题会让伴侣不悦、烦闷或生气。你是不是会等到对方心情好的时候才开口说某件事？是不是会粉饰自己的观点、刻意讨好对方？别再这样做了。你们是共享一段关系的伴侣。如果你们都对彼此小心翼翼，就永远无法真正与对方亲近。仔细思考一下，你在哪些时候想操纵或控制伴侣，在开口之前一定要演练、说谎、隐瞒真实想法等等。要让自己坦率一点。如果你不开心，就表现出来；如果你需要什么，就开口去要；如果你有某个在过去会习惯性粉饰的想法，现在就请直接说出来。你有没有某种未曾表达过的感觉？也请与对方分享。大声地说出一切吧！

说出你的想法，分享你的观点，为重要的事争吵，表达你的感受。对，我们希望你能做到上述全部。请坚定有力地充分表达你的想法！如果你养成了一有烦心事就说出来的习惯，你就不会在心底积压怨恨，也不会在爆发激烈争吵之后或在毫无防备的情况下陷入冷战时拒绝沟通了。你会更容易找到满意的解决方案，消弭你们之间的误会或困难。

一天结束时，请审视一遍，你有哪些没表达的想法、隐忧或怨恨？有哪些未传达的感受、观念、意见，甚至是感激、爱意或赞赏？问问自己的内心。你是否受了伤或生了气却没说出口？是否隐瞒了自己的想法、感受或意见，关心、爱意、欣赏或感激？继续梳理，然后与伴侣分享这些吧。

每天谈论一些真正重要的事

这一条指的不仅仅是开口谈话，而且是要谈能对你们的关系产生影响的话题。多数伴侣都认为，自己在跟对方交流，但他们谈论的内容大多是关于处理家务琐事和待办事项的。感情美满的伴侣谈论的远不只是晚餐吃什么、谁去接孩子或周末的计划。

他们会讨论真正重要的事——自己那一天的心情，自己的希望、恐惧和梦想。他们在关系中创造出了一种共享目标和意愿的感觉，这比完成任务更重要。他们不断增进对彼此的了解，而不仅仅把对彼此的了解程度停留在关系建立初期。

请每天进行一次跟日常琐事无关的谈话，哪怕只有15分钟，也能产生很大的影响。你可能会惊讶地发现，你们关于日常琐事之外的话题的对话是那么少。在每天你们约定的时间里，互相问一些问题，比如：你的心里在想什么？你现在好吗？你在为什么事痛苦挣扎？你在害怕什么？你渴望着什么？你期待着什么？你有什么感受？今天你有什么希望？你的梦想是什么？你今天朝着梦想更近一步了吗？

有话不要等，立刻说

"这不重要……没什么大不了的……他很忙……我不该打扰他。"丢掉这种觉得事情或你自己不重要的观念吧。等这个时刻过去后，积压下来的意见和烦恼就不太可能会在激烈的争吵中暴露了。不要等到你伴侣心情转好的时候再去跟他分享，也不要因为觉得某些事不重要就把它们都堆在心里。你要明白，你们是一对伴侣，需要让对方知晓你的生活状况和感受，并坦承你的不安和不满情绪。

每周约会一次，保持这种神圣的仪式感，而不要只是沉迷于电视。

腾出点时间说说话。

养成每天抽时间凑在一起的习惯，你们一个人说，一个人听，在几分钟内都不要打断对方，这样你们就可以充分表达自己的所思所想了。这种行动就像将思想和感受从无声转化为有声，人们常常要在成功表达感受后才知道自己在烦什么。制造这样一种空间来彼此诉说和倾听，能大大加深你们的互相理解和亲密程度。

及时并经常争吵

不要再坚持"事情总会自己过去"的观念了。别让争吵不断恶化。它们只会变得越来越混乱，越来越难以摆脱。当你开始感到烦恼或不满时，就该马上谈谈了。不要把这些事扫到地毯下面，不然你只会在以后被它绊倒，受到更大的伤害。最幸福的伴侣是经常抓紧机会争吵，也是经常争吵的。长远来看，顽强、诚实、愤怒的争吵要比压抑情绪有用得多。在出现问题时及时争吵，会让争吵更容易处理。通过及时、经常的争吵，冲突就会在你们的关系中变得更加"正常"，这样你们以后就不会觉得它们是什么大不了的事了。这周还没吵过吗？你们以后会补上的。

重视小事

每件事都很重要。与某些作者相反，我们建议你对小事予以足够的重视，不要让它们越积越多。满意的伴侣会解决道路上的坎坷，而不是绕道而行。如果你们不及时沟通，任它们发展下去，那么恐惧和担忧就会变得越来越严重。请找出那些困扰着你的小事，不要忽略它们。在这些问题变得过于庞大和复杂之前，把它们一点点处理掉。

在每天结束时（或至少每周一次），审视一遍你自己。你有烦恼吗？是否被什么事激怒了？有隐约感到不满意吗？有受伤的感觉吗？生过气吗？是否无视了自己的感觉，觉得没什么大不了的？出现了什么问题？是什么困扰着你？考虑清楚后，着手处理它们。你还需要与你的伴侣做些讨论。到了周末，做一顿带有仪式感的早餐，来完成这项工作，思考并讨论这个话题：这一周里，让我感激你和我们关系的事有……困扰我的事是……

"挑起"争吵

为什么要等着争吵爆发？更有效的做法是，在你的情绪还不是特别激动，还没到激烈争吵的地步时就开始争吵。这样做能让问题显现，引起你们双方的注意。

请运用紧密互动的规则、位于互动量表右侧的技巧和所有能够解放自我的方法。即便你还没有和你的伴侣讨论这些问题，也请先深入探究一下它们。困扰着你的到底是什么事？你渴望的是什么？你有何感受？你真正想要的是什么？在这些问题中，有哪些错误的限制观念在影响着你？好了，现在就跟你的伴侣分享这些吧。

如果你总是怪罪对方，惯用"推卸责任"或"有话不说"型争吵，那么请说出你内心深处的真实想法，说出在你身上发生了什么，直接告诉对方你想得到什么以及需要什么。有意识地"挑起"争吵，而不要等到某个激烈、紧张的时刻再让争吵一发不可收拾，将让你感到更自由、更强大。

请回顾一下争吵的15种类型，从中挑选一个来进行。

1. 推卸责任
2. 家务琐事
3. 财务纷争
4. 有话不说

5. 欲求不满
6. 如果你真的爱我
7. 我受不了你
8. 你爱……胜过爱我

9. 原生家庭矛盾
10. 我早告诉过你
11. 你总是／你从不
12. 你骗了我
13. 你跟你妈／爸一个样
14. 你变了／你不会改的
15. 你让我觉得丢脸

新鲜感和刺激的重要性

"解放自我"意味着你要摆脱旧的模式，打破一成不变的状态。所以，解放束缚吧。去成长，去改变，去做没做过的事。让争吵给你们的关系带来一些刺激——有意识地共同将新鲜感、惊喜和变化引入你们的关系。太多的伴侣陷入了无聊的日常生活中，这对双方关系来说是致命的。能够不断学习、成长、改变的伴侣才能拥有令他们激动、满意的亲密关系。

你需要学会让你们的约会发挥出最大的价值。激动人心的约会要比愉快的约会更好。你们的关系要更深入一点。每个月至少来一次"挑战性约会"。对彼此提出质疑——讨论你们关系以外的话题，一起看看你们双方在工作、朋友交往或其他与亲密关系无关的事上会出现怎样的问题。要相互扶持，不断学习、成长，成为最好的自己。请定期进行"展示与诉说"和"激发灵感"型约会，双方都提出一些新想法，展示一项新技能，分享你们学到的以及对你们有所激励的东西。

设置高标准，并保持下去

人们会怀着想帮助你的好意对你说："你对你们关系的期望值太高了，会失望的。把标准定低一点吧。"但这个建议其实并不好，真的很不好。想获得好的建议吗？不要轻易满足。对你的伴侣和你们的关系多抱有一些期待。"解放自我"意味着你要制定自己的规则、设置自己的标准，而且要把它们定得高一点。

保持高标准能帮助你从错误的限制观念中解放出来,比如你不重要、不值得别人对你好,或是这个世界或你的伴侣不会给予你支持。你要表现出期待沟通和充满激情的状态。坚持这个标准,不要被轻易满足,这样你将更有可能拥有你渴望的关系。理想伴侣的关系往往都符合这些标准。

没错,标准太高可能会引发一些分歧。你可能会因为责怪她追剧上瘾,破坏了你的社交生活,而陷入"推卸责任"型争吵。你还可能会开始"我早告诉过你"型争吵,因为你确信,他对工作不上心,一定不会获得晋升。然而,这些高标准会是争吵中很好的催化剂,推动关系向前发展,而不是让它停滞不前。我们研究中的伴侣为他们的关系设想了极美好的愿景,并制定了双方一致同意的标准和执行协议来实现它。这些举措有助于他们更轻松地解决争吵。他们在包括房屋维护、日常家务、财务收支、社交活动和日常互动等不同领域制定了自己不会违背的种种标准。这可能是些简单的家庭标准,比如要在睡觉前把碗洗了,要热情地互相问候——比如停下手头上的事,像兴奋的小狗那样迎接彼此。有了标准之后,不必要的冲突就会减少,因为你们会提前就最好的处理方法达成共识。标准还能带来更多的安全感、亲密感和团队合作精神。通过为将来制定新的标准和执行协议,伴侣们有效地解决了无效争吵的问题。

在我和朱迪斯结婚的前10年里,我跟我的生意伙伴经营着一项在多方面发展迅速的业务,等待报名的私人客户都排到两年以后了。我很有干劲,也很有压力,每天下班回家后都希望朱迪斯不要来烦我。我突然意识到,我对待她的态度比对客户差。这样做真的很奇怪,毕竟,她对我的幸福而言,比那些客户都重要。于是我改变了自己的做法,马上建立起回家进门时的行为标准——亲切地跟她打招呼,问她今天过得怎么样,认真倾听她的话,同时分享我自己在白天的经历,然后跟她一起做些事情。我开始盼望在回家时看到她。家变成了一个更温暖,更能让我们互相分享的地方。如今，将近30年过去了，回家仍然是一件令我高兴的事。

亲密感＝团队合作：属于伴侣的奥运会

如果你认为"亲密感＝性"，那么是时候颠覆这种观念了。虽然性是表达亲密感的一种好方法，但不是产生亲密感的最佳方式。如果我告诉你，亲密感的"前戏"其实是你们全部的共同生活呢？为幸福而战的伴侣能从团队合作和搭档关系中体验到更深的亲密感。我们是通过艰难的方式领悟这一点的。

我们曾安排过一场伴侣研讨会，讨论的重点是快乐与亲密，还进行了增进爱意和亲密感的练习。我们认为那会是一个愉快、温馨、充满欢笑声的周末。后来，我们发现了什么？快乐和爱意并不是无论伴侣背后发生着什么都可以任意"粘贴"到他们身上的东西。当我们看到这些真实的伴侣时，我们发现他们的生活中发生着种种冲突：生活中的优先级、杂乱的地下室、育儿方法、财务纷争、未解心结和领域划分。他们其实是在与共同生活、学习合作、完成任务和处理家务这些"小事"做斗争。这些模式引发了许多争吵、不必要的口角，造成了距离，还浪费了很多时间和精力。

于是，我们尝试了另一种策略。当我们问那些伴侣，他们在过去什么时候曾体会到与彼此的亲密感时，他们说是在运动、音乐团体或某个合作项目中做队友的时候。然后，我们就把伴侣项目的重点转移到了"伴侣的奥运会"上，帮助他们成为在人生团队中热爱与彼此合作共处的队友。在我们每个月的研讨会上，每一对伴侣都会选择一个具有挑战性结果的项目，并在接下去的一个月中与其他伴侣竞争，我们会根据项目的难度、重要性、创造性和他们的合作程度评分。

他们展示出的团队合作越多，能体验到的亲密感就越强。他们收获了更多的快乐、感悟、爱意、欣赏和信任，提升了对彼此的期望。现在，他们能体验到快乐和亲密了！这并不是因为爱情本身带来了什么，而是因为他们作为一个强大的团队完成了项目，这让他们爱上了这种体验，并让自己和对方都得到了进一步的提升。

你们也可以成为一个强大的团队，体验这种强大带来的亲密感。每个月选择一个项目来共同完成，就你们如何一起做家务、整理地下室或布置房间展开一场竞赛。确定你们的评分标准，比如效率、乐趣和创造性，像办一场奥运会那样，1~10进行打分。给自己设一个时限，然后就去做吧。也可以召集其他伴侣参与到你们的竞赛之中，以此来激励你们。

分享权力，遵循最高标准

当你们在卧室之外也能成为好伴侣，你们将体验到更多的爱意和满足感。在最幸福的关系中，伴侣会尊重彼此，分享权力，共同决策。他们有足够的安全感，能接受彼此的影响，而非一味通过自己的方式维护其权力和地位。如果你的伴侣缺乏这种程度的安全感，那么你们离婚或关系破裂的概率将达到81%！分享权力是指你们的关系将赋予对方能力。在这种情况下，我们将承认对方在某些领域上的优势和价值，并热情地支持对方的计划，而不仅仅是服从对方。我们把这称为"最高标准"（highest denominator）。

你们是否会为了家务和钱，以及如何处理或完成某件事而发生争吵？请评估谁的水准更高或更熟练，并遵循这种最高标准。好的团队应该明确所有队员的强项和弱项。明确你们各自的相对优势，将能避免很多不必要的争吵。要学会尊重对方的天赋，并从对方身上学习。

持续的投入，无价的回报

如果你不愿意成为自己能够成为的人，或没有把你们的关系当成一种变革性的工具，那么你将错过很多。"解放自我"是一种需要持续的生活方式，而不只是某一个获得自由的瞬间。我们曾见证许多伴侣在持续解放自我时获得了鼓舞人心的转变，那些转变发生在他们婚姻的各个阶段——从孩子出生到孩子离开家之后。他们没有轻易满足，而是不断探索，延伸他们关系的边界。这并不表示他们不曾被困住、倦怠或倒退，但他们最终都回到了正轨。

他们的口角和争吵并不是为了发泄怒火。他们是在有目的地进行争吵，意识到强烈的情绪表达和紧张气氛能在冲突之外给予他们更多的力量。一场关于谁自私的激烈辩论可能并不像一个解放自我的时刻，然而这些争论积少成多，将使伴侣间的关系更加深入，增进对彼此的了解，共同获得成长，为你们提供推动双方和关系前进的能量。

虽然我们鼓励你在解放自我时运用战略，但我们想表达的是亚伯拉罕·马斯洛（Abraham Maslow）所说的"高峰体验"（peak experience）的概念。这种自我激励和提升的高峰体验，描述了自我实现者的特征。高峰体验并不仅指"发生"的那一瞬间，而是贯穿你的一生，你需要付出大量努力，为高峰体验的出现创造条件。不断解放自我能帮助你为自由表达建立条件，而自由表达将加速这些非凡时刻的来临。

我们不仅对帮助你们更好相处感兴趣，还希望你们能发现自由生活是多么有趣，为了你自己、伴侣以及这个世界能变得更好的目标而与彼此建立起更深刻的联系是多么激动人心的事。请让"解放自我"成为一种生活方式，借助一些策略掌握它，然后，你将学习下一个获得幸福的技巧——重建矩阵。

第8章 重建矩阵

重塑思想，改造关系

第五个获得幸福的技巧叫作"重建矩阵"，即改变你的大脑——就是字面意思。你将建立起新观念和新行为的神经通路，改变你们经营爱情和争吵的方式。这意味着你要学会带着一种新的、更积极的意识进行争吵。当你这么做的时候，你和伴侣的冲突将发生持久的变化，甚至是变革。通过重构大脑中的神经通路，你将对自己和你们的关系建立起新的，更强大的矩阵。你们将进入新的相爱模式，而你们在一起的目的就是展现出你们身上最好的一面。

重建矩阵意味着你要带着决心在"解放自我"的行动中增加一些内容并进行重复。你在"解放自我"一步中试着打破了自己的错误观念，而现在，你将抱着一种想以新方式生活的意愿而不断努力。但这些令人振奋的"解放行动"并不会持续下去，除非你不断重复它们，而这便是重建矩阵的关键所在。如果没有重建矩阵的训练，你也许能暂时改善你们的关系，但它依然会回到原先的状态，甚至可能比以前更糟。也有可能，你的另一半正在进行各种积极的改变，却对你没多大影响，因为你还是在通过旧矩阵的滤镜看他/她。你为了让认识"匹配"你的观念而过滤掉了另一半的变化，于是根本看不到这些积极的行为。

这也就是你必须反复练习重建矩阵，创造新的赋能观念、行为和生活方式的原因。事实上，重建矩阵的最好时机有时就出现在你们争吵的时候。争吵是改变大脑的绝佳机会，因为此时，你矩阵中的未解心结会浮现出来并得到处理。然后，你们的争吵就会成为转变过程中的一部分，完成这个过程。你们关系中的争论不再是需要摆脱、克服或预防的东西，而将成为关系发展中的催化剂。

随着矩阵的重建，你将有意识地自我成长，面对你的未解心结，更有效地展开争吵，也能拥有更强大的力量来经营爱情。当你成为自己从未想象过的人之后，你们的关系就会发生转变。通过重建矩阵，你将担起责任，成为你们的关系和你自己人生的缔造者。

重建矩阵的魔力：改造你和你们的关系

随着矩阵的重建，你将学会利用自己大脑的神经可塑性——一种建立神经通路的能力——发展出新的观念、行为等有助于创造新自我和新关系的工具。神经科学家发现，大脑要发展出新的神经细胞、形成可塑性变化、获得新的观念和技能，需要一定的条件：高度集中的注意力、新鲜感、略微超出舒适区的新技能，以及不断重复的新行为习惯。前文介绍的四个技巧都有助于你获得这些条件。

大多数人都希望爱情关系是自然而然又美好的，但这恰恰与优质关系的情况相反。你需要学会对一切都有所认识，从你的自我观念，到对你们争吵原因的认识。在你重建矩阵的过程中，没有什么是自然而然的，开头也都不美好。然而，渐渐地，你们的关系会成为你们成长和转变的平台，甚至能让你们体验到更深的爱意和亲密。

重建矩阵代表着一种模式性的转变：它让你们在关系中保持清醒，对能够转变观念体系和行为习惯的机会有所意识。你不会等到问题出现之后再对你们的关系展开思考，而是每时每刻都在进行深入的思考。你也不会再凭本能草率地参与争吵了。现在，你的目的就是重建矩阵。

完美关系无捷径

明白大脑是如何运作的之后,你就会意识到自己没有捷径可走。要获得持久的改变,就需要重建矩阵——重复、有意识地延伸出新的观念和行为习惯,而不仅仅满足于你或伴侣一方的顿悟或积极举动。这就是为什么那么多伴侣在关系出现问题时参加"恩爱伴侣营"会得到改善,以后又会重蹈覆辙。比如,约翰做了吉尔几个月来一直要求他做的事,但后来约翰又捡起了自己的老一套,吉尔开始对他和这段关系感到厌恶。吉尔和约翰不明白这并不意味着他们的关系没救了,他们只是不理解改变的真正意义。

你可能已经听说过这样一个观点:要想熟练掌握一项技能,无论是成为一名高尔夫球大师、网球冠军、国际围棋高手还是音乐天才,都要花上一万个小时。这就是真正精通任何一门技能所需要的时间,在亲密关系中也一样。但这并不是个坏消息,因为你很容易跟伴侣共度一万小时。关键的不是如何共处这么久,而是这段共处时间的质量如何。

你需要把这些时间花在重建矩阵上,以满足持久改变的条件,即利用深入、有意识的练习建立起新的思维导图。反复练习能让这些新的神经通路保持开放、持续发展,从而使得你们的关系发生变化。

使伴侣持续产生幸福感的动力

为了获得持久的改变而不断解放自我

利用争吵来持续改变你的大脑和观念

处理暴露出的未解心结

持续、深入地思考你们的关系

不断延伸自己,创造出新的赋能观念和关系

> **使伴侣失去幸福感的事**
>
> 　　一两次行动后便开始倒退
>
> 　　摆脱、避免或草草应付争论
>
> 　　回避冲突背后的核心问题
>
> 　　当问题出现时才思考与对方的关系
>
> 　　满足于某种认识或进步，之后便停滞不前

警惕顽固旧矩阵

　　你现有的矩阵很强大，这是有原因的。你可能已经在限制观念和徒劳无益、反射性的争吵中投入了一万个小时。你越以限制观念思考、投入反射性的争吵模式之中，就越能巩固这些思想和行为构建的神经通路。所以你需要不断打破这些旧模式，建立起新的模式。不幸的是，当你开始体验赋予你力量的新状态时，你会"怀念"旧的感觉状态。结果是，你会无意识地产生消极的想法（来自你现有矩阵的扭曲想法），并触发与妨碍你进步的观念有关的熟悉的消极状态。

　　旧矩阵并没有消失，如果没有不断建立新的矩阵，它就会重新发挥作用，把你拉回你以为已经被抛在身后的行为、思想和感受之中。神经系统的大小有限，如果我们不继续练习新的行为习惯，旧的那些就会回来。我们要么使用它，要么失去它，事实就是这样。

　　旧矩阵的力量也可能对你们关系中正在发生的积极变化造成破坏。你的另一半可能会让你沐浴在爱河中，也从不与你争吵，但你如果陷在不相信自己会有人爱或觉得别人不可信的旧矩阵中，自动过滤掉这些事实，那么你依然感受不到自己是被爱的。你会用某种方式来否定这些积极行为，忽略它们，认为它们不存在，或是贬低它们的价值。

鲍勃非常爱我，也很认可我，经常说些积极、鼓励的话，也会表达对我的爱意。但是，错误限制观念形成的旧矩阵（不觉得自己会得到关注和欣赏）导致我常常不理会他的评价，也从未真正记住他对我说的话。现在，我能注意到他对我的评论了，也在他脸上看到了爱意和关心。我可以有意识地沉浸在他温暖的眼神、对我的欣赏以及充满爱意的话语中了。我可以有意识地对自己说"哇，鲍勃含情脉脉地看着我呢，我也是有人爱的"之类的话。我的意识、沉浸在积极状态之中的意愿、把积极事件转化为积极经历的努力，帮我建立起了新赋能观念的神经通路，让我相信了自己是惹人爱的，是有价值的。

沉浸在积极状态中

关注积极的事，改变你的矩阵。辨别出你的伴侣表达关心和做出积极改变的方式。请对积极的互动有所意识，真正地体验它们，以帮助自己重建新的赋能观念矩阵。像朱迪斯那样做，有意识地沉浸在积极的互动中，并对其表示肯定。全身心地去感受这一切。提醒自己，这些事证明了你们之间的爱与联系。请记住紧密互动的第一项规则——突出积极面——并有意识地不断地将它运用在重建矩阵的过程中。

爱与争吵的变革性力量

神经科学研究揭示了亲密关系令人兴奋的可能性。请分析一下你童年时的观念、行为、生活方式的神经通路，想想它们最初是怎样通过你与身边人的关系进行连接的。神经科学研究发现，作为成年人，你和伴侣也是以相同的方式进行联系的。你们转变了过去不愉快的内隐记忆，并把那些充满欣赏与理解的新记忆灌输给了对方。

人际神经生物学（interpersonal neurobiology）这一新兴领域对我们的人际关系如何影响我们的生命和大脑这一深层本质进行了研究：我们的大脑以何种方式生长，大脑如何受到我们人际关系的影响，以及人际关系对我们的自我意识、观念、生活方式和行为习惯有何影响。

这样想吧：你的另一半就如同一种处于你身体外部的大脑皮层，而你"借用"了他/她的理解力、同情心、同理心和关心，将这些品质植入了你的大脑中。当你受到某些事件的触发，或当不愉快的旧内隐记忆甚至是外显记忆浮现出来，同时你意识到另一半正表现出同情和理解时，你就能将他/她提供的温暖和同情连接到那些不愉快的记忆中。

这也就是争吵对于重建矩阵如此重要的原因——争吵正是让浮出水面的内隐记忆充满我们脑海的时刻。争吵激活了深埋在我们潜意识和观念的矩阵中的痛苦、恐惧、旧伤和愤怒。我们认为自己气愤的原因在于我们的伴侣是个白痴，或是很刻薄，或是不关心我们。而虽然我们的伴侣可能确实不是圣人，但我们其实是在对自己潜意识中的感受做出反应，这些感受在我们矩阵的镜头中得到了过滤。

当我们运用了获得幸福的技巧，对自己在成长发展中的未解心结有了进一步认知，体验到了更深层的感觉时，就到了重建矩阵的黄金时间。我们感受到这种原始的痛苦时，就能与对方分享自己心中真正的感觉了（毕竟你们的争吵本质上跟扣不扣牙膏盖没什么关系）。这种记忆及其相关观念可以用来重建矩阵。如果我们的伴侣给我们的回应是通过理解我们、表达同情来抚慰我们，我们就能将这种同理心植入不愉快的记忆中。神经学家发现，一段记忆每次出现在我们脑中时，都会被重新编码。我们并不仅仅因为伴侣关心我们而感觉更好，将对方的关心植入自己的新矩阵之中也会提升我们的感受。于是我们的观念、期望和生活方式便开始发生改变。

情绪调谐

伴侣调谐（tune in）双方的经历时，更有可能实现矩阵的重建。研究表明，我们的大脑在不断地发展出新连接，而那种和谐的、感同身受的关系，便是在我们神经通路中重新连线的主要途径。调谐意味着我们了解自己的内在状态和伴侣的内心世界。我们用心去留意，而非习惯性思考。这种目标明确的注意力让我们的思维更加敏锐，而且能够改变我们双方的大脑。

对另一半的安全依恋可以促进伴侣的调谐过程。当你有意识地让自己变得更容易接近、更愿意回应、感情更充沛地投入你们的关系中时，你便打下了一个基础，让你们更容易互相"读"懂。随着矩阵的重建，你们构建了在彼此身旁给予力量的神经通路，也建立起了相互的信任。

当你形成一种"后天形成的安全依恋"，就能更好地寻求或提供支持。你将能更轻松地适应这些不可避免地出现在伴侣关系中的伤害，就算你对伴侣生气，也不太可能持有敌意。你们的争吵发生了变化，你们开始与彼此调谐。你和伴侣变得更有力量——对新信息更加好奇，更加开放，抵抗心理减少，更乐于接受新的体验。你们更了解自己，也更喜欢自己了。

但是，不要满足于安全感，而是要利用安全感，通过调谐你和伴侣的关系来发展自己。当你感到安全、和谐的时候，便具有了让自己充分融入这个世界的基础，这也是加深你的自我意识并拓展你们关系的基础。

如何调谐

如何才能实现调谐呢？首先，你要了解自己的情绪、感觉和内在状态。你的身体感受是怎样的（比如心率高、感到紧张、胃痉挛、肠子像被揪住)？你当下有哪些情绪？接下来，注意伴侣的面部表情、感觉状态、肢体动作和说话语气。你专注观察自己和伴侣正在经历些什么时，就能控制"感受到对方在意自己感受"的神经通路了。这种状态能帮助你们双方都感到富有活力、生命力、理解力和平和感。

当你意识到伴侣此刻的心情时，请表现出来。用眼神、面部表情、说话语调、抚摸、手势和话语，表达出你的理解、关心和同情。当你暴露出自己的不安、脆弱等种种情绪时，你的伴侣也将以理解之心与你调谐。渐渐地，你会改变旧的连接方式，形成新的赋能模式，并期待获得温暖与联系。

重建矩阵不仅仅需要温暖和理解，同时也需要表现出真实。重要的是，在此过程中伴侣互动的质量如何。

在轻松时加强调谐

你尤其要注意那些容易调谐的时刻。当你感到自己关心着伴侣、心态开放、想与他/她亲近的时候，就提高你们之间的调谐程度。观察伴侣的面部表情、语调和感觉状态。意识到在他/她分享的信息背后还有哪些更深层的东西，并以关心和理解予以回应。你练习得越多，你的神经通路与爱意、同理心和同情心之间的连接就会越紧密。

在困难时努力调谐

就算在争吵的过程中，也要努力达到调谐状态。这些艰难时刻至关重要，因为它们是你进一步了解自己内在状态的机会。你要调谐自己的感受、身体状态以及渴望。不要用条件反射

> 般的无意识方式做出反应，而是遵循紧密互动的规则。即便一开始你做出反应的方式是由你的现有矩阵触发的，也请在那些争吵的情况下达到调谐状态。你练习得越多，就越能找到调谐的方法。

"把你该死的手机放下，回答我！"夏洛特尖叫道，"我受够了！"

夏洛特陷入了一场经常发生在他们身上的"你爱……胜过爱我"型争吵，连珠炮似的冲着康纳发出越发猛烈的攻击和控诉。除了生气以外，夏洛特还对丈夫的无反应感到很沮丧。是时候调谐了！夏洛特在还感到生气和沮丧的时候，就开始从自己的尖叫声、加速的心跳以及不断加深的恐慌和愤怒情绪中，注意到自己的歇斯底里已经快到极点了。这种意识帮助她变得更专注于当下，并适应了自己的状态。她说出了自己的感受："我真的很生气，很害怕。我失去了理智。"她通过这种做法让自己的大脑前额叶发挥了作用，而不仅仅依靠反射性的边缘系统。她仍有些心烦，但开始揭露自己的更多想法："这种感受很熟悉，这是我成长过程中的感觉。我渴望得到家人的关注，让他们听我说话。我觉得他们一点儿都不在意我，所以我感到很生气，很害怕。"

然后，夏洛特开始更有意识地注意康纳了，那时她还觉得他像是一个敌人，而非她最好的朋友和爱人。她注意到康纳脸上想离开的表情，这让她怒火中烧，但随后也意识到他脸色苍白、呼吸急促、目光低垂。她开始看到他们熟悉的模式。他们一直在练习获得幸福的技巧，她从过去的争吵中得知，她歇斯底里的喋喋不休会把他逼疯，触发他还是个小男孩时与失控的虐待狂母亲相处时留下的内隐记忆，在那种情况下，他就会把自己封闭起来并消失，试图避免激起他母亲的愤怒。而当他想撤离的时候,夏洛特的不安就会加剧。

与此同时,康纳开始注意自己加速的心跳和内心深处的冻结状态,他在心烦时常常会有这些感觉。他意识到,自己对夏洛特的情绪波动既愤怒又害怕。他不再那么麻木,并开始注意到,夏洛特的脸上不仅有愤怒,还有惊恐。她是6个孩子中的一个,父母和兄弟姐妹经常忽视她,不去回应她的要求。她渴望得到关注和肯定,但她带着绝望的尝试总是徒劳无果。她总是觉得父母更爱其他孩子,拼命渴望得到肯定,但都以失败告终。有了这种认识之后,康纳终于能够转变自己对妻子的看法,用更合适的方式来看待她了——他看到的不再是那个一直在纠缠自己的泼辣悍妇,而是一个渴望得到承认和关心、担惊受怕的小女孩。康纳与夏洛特分享了自己的感受,向她伸出手,让她放下心来。夏洛特也为自己接连不断的攻击道了歉,并告诉了康纳自己咆哮背后有哪些更深层的感受。

要想获得夏洛特和康纳那样的经历,你必须对自己的内心世界十分敏感,并与其建立连接,这就是为什么揭露问题和提高自己对情绪的感知能力并熟练掌握这些技巧是如此重要。内隐记忆总会表现为某种模式——身体的运转方式、思想和认知以及反射性反应。当你意识到这些模式出现时,它们就是你重建矩阵的最佳时机。你可以学着对这些模式做出不同的反应并展露自我,以更负责任的姿态与对方分享你的烦恼。当你这样做了并得到对方的肯定后,你就能重新建立新的期望和观念。而当你把这一点与对方分享后,他/她也将形成新的期望和观念。这就是调谐亲密关系在神经生物学方面的魔力。

修复裂痕

康纳和夏洛特在修复争吵中出现的裂痕的道路上进展顺利。他们发现了研究人员已经揭示的道理：亲密关系中造成问题的并不是粗言秽语、冷淡态度或大声叫嚷，而恰恰是错过这些重要的时机，没能通过争吵来重建矩阵的事实。

争吵或感情出现裂痕没什么大不了的，不去修复才要命。当我们开始重建矩阵，我们就是在着手修复裂痕，随着我们离彼此越来越近，亲密感就会愈发深厚。

破坏关系属于人类的本性，说蠢话、在愤怒中失控、误解伴侣或是用任何不够热烈的方式回应对方都是这种行为的表现。当争吵中发生这些情况，或是你们为了避免争吵而刻意保持距离，感情中就很有可能出现裂痕。你经历了一次"依恋破裂"，会感到被疏远、孤立、轻视，深感生气、害怕或受伤。

低估、推卸、否认你自己对你们感情破裂的责任，或是认为这种责任在伴侣身上，会加剧这种消极影响，造成更多的痛苦和距离感。你可能会认为自己的所作所为很差劲，或者认为自己有缺陷，这些都会加深你觉得自己有问题的观念。而指责你的伴侣则会强化你认为别人靠不住的观念。出现裂痕后，我们常常会陷入思维的惯性中。感情裂痕还有一种很大的力量，会让我们陷入"对抗—逃跑—呆滞"的思维模式中。这正是需要我们修复关系和重建矩阵的神奇时刻。

很多伴侣都无法修复关系中的裂痕。我们指的不仅是补偿性的性爱，尽管这可能是你们在消除误会、变得更亲密之后的一种很棒的庆祝方式。很少有伴侣理解，最重要的是修复关系，而不是争吵、回避甚至是解决冲突。完美地修复关系，对亲密关系和你们双方都好。

当你认识到你们的关系中出现裂痕，并通过努力重新建立和伴侣之间的联系——挖掘自己的渴望，运用紧密互动规则，揭示出表面下真实发生的事，并采取新的行动解放自我、重建矩阵后，你们的关系就能得到修复。

当一方说了不中听的话，或是显示出冷漠态度时，你们不仅能借机修复关系，还能建立新观念和行为的矩阵。请记住，爱情中充满了矛盾冲突，而争吵中的混乱会让你们过去的未解心结浮出水面。这就是你们需要重建矩阵的对象。

不管你们争吵的内容是什么，也不管你们吵得多么激烈，你如果能够修复你们关系中的裂痕，就能构筑一段了不起的关系。研究证明，那些最成功的母亲有70%的时间会与自己的孩子产生摩擦！是什么让她们成了最成功的母亲呢？她们修复了与孩子之间的裂痕——她们能重新适应并调谐关系，重建亲密联系。同样的道理也适用于相爱的伴侣——当你这样做的时候，这些重建联系的时刻将会成为你们最亲密的时刻。

你不必等你的伴侣一起行动，你们中的任何一方都可以开始单方面修复你们的关系，你甚至可以进行自我修复。重新建立投射、认识到你的未解心结、意识到你内心显露出来的情绪，就能实现自我修复。你随时都能进行修复，这是一种有意识的生活方式。

修复裂痕

首先，要认识到裂痕。不要忽视它，也不要为此责备你的伴侣。不要有防御心态。与自己进行调谐，认清你对另一半是怎样回应的，同时认清自己的感受和身体感觉，然后把它们归类。与你的伴侣进行调谐——记住，这是你爱的人，是你想重新建立联系的人。现在，请运用获得幸福的技巧。找出你的渴望所在，运用紧密互动规则并承担责任。真诚地为自己不负责任的行为道歉，并表达你对重建关系的渴望。不要表现得低声下气，只要承认真实的情况就好。通过揭示自己，来发掘出你内心深处发生

> 的事、你的感受、你的渴望以及触发你情绪的诱因，并与对方分享。以不设防、开放的姿态进行分享。反复进行这些步骤，如此一来，你便开启了重建矩阵之旅。

爱并不意味着我们永远是紧密相连的。在亲密关系的华尔兹中，我们在调谐、失调和重新调谐间循环往复。苏·约翰逊有一句被广泛引用的话："爱是一个过程，我们不断达到调谐，建立连接，错过或听错节拍，断开连接，修复关系，然后发展出更深的连接。这是一支不断相遇、分离又重新找到彼此的舞蹈，每分每秒都不停歇。"

一对重建矩阵的夫妻

修复关系中的裂痕是重建矩阵的重要催化剂，但仅仅修复关系还不足以重建矩阵，也无法推动这一过程。要实现革命性的改变，你们需要在多次争吵以及其他任务中紧密互动，以使双方的神经通路保持活跃和成长，改变你们双方以及你们的关系。

请记住，重建矩阵的目的是利用争吵和你们的关系来构建一个新的矩阵，这个矩阵是使用能够帮助你们改变的赋能观念和生活方式进行编码的。我们想分享一对成功重建矩阵的夫妻的故事。康妮和埃德学会了有意识地建立彼此间的联系。在这个过程中，他们意识到了自己现有矩阵形成的模式，并选择建立更有效的新模式。在此过程中，他们触发神经系统，进行了改变，而这扭转了他们的观念。

康妮开始了解自己的模式，她的这种模式常常会引发"我早告诉过你"型争吵。她通过重建矩阵的策略来揭露问题、解放自我，并有意识地努力改变自己的习惯模式。下面是她在重建矩阵之前可能与埃德出现的对话：

康妮："我告诉过你了，如果我们走这条路，就会堵车。"

埃德："我也告诉过你，如果我们能早半个小时出发，就不会迟到了。"

康妮："哦，所以现在我们走了条烂路，也是我的错了。"

埃德："反正我们迟到就是你的错。"

康妮："我说过了别走这条路。"

埃德："呵呵，是啊，你好像什么都知道，你好像比我聪明多了。你永远是对的。"

他们对彼此的冷嘲热讽中充满"我早告诉过你"句式，而这种争吵除了造成距离感和对彼此的轻蔑之外没有任何意义。事实是，他们双方都做了错误的决定，没人想要被另一方讽刺地提起这点，但康妮和埃德却一直陷在这些刻薄的争论之中。

康妮是在一个混乱不堪的家庭长大的，她的父母都是酒鬼，时刻想着买酒。她是家中5个孩子里最小的一个，总觉得自己在哥哥姐姐和有钱的朋友们面前抬不起头（除了她家以外，她居住的地区很富裕）。她试图表现得跟其他人没什么两样，却花了人生中的一大半时间想要弄清楚该如何做事情、选择衣服以及适应环境。她从未有过安全感，也从来不觉得自己成功获得了安全感。她有被一种阿尔弗雷德·阿德勒称为"自卑情结"（inferiority complex）的心理，于是试图通过表现出冷酷和凌驾一切的样子来弥补。这种人格面具帮助她掩盖了内心的不安，也掩盖了她在很多情况下经常不知道该怎么表现和选择措辞这一真实情况。她经常靠说谎来掩盖真相（这会导致"你骗了我"型争吵）。

埃德来自一个中上层阶级家庭，父母离异。虽然他有物质上的保障，但没有情感上的安全感。他的父亲嗜酒如命，到处拈花惹草，对他很冷淡，要求也很高。而他的母亲则自我中心，难以接近。为了掩盖自己缺乏安全感的事实，他表现出一种高傲的态度，装出一副"没有什么让我烦恼"的样子，说话语气也总是很自以为是。

康妮对埃德高贵的出身和优雅的举止感到胆怯，觉得自己低人一等。康妮不断地与埃德在实际上他更优秀的领域竞争，在这种表象背后，她是一个没有安全感的小女孩，拼命地想让自己摆脱真实的模样。

康妮开始揭露自己对埃德的相处模式中体现的问题。她看到了内心深处自己试图掩盖的不安感，以及对控制权的争夺欲，这来自她充满矛盾冲突的成长背景。她开始更多地把自己成长背景中的事与埃德分享。而当她表现出脆弱，揭开自己童年留下的一些伤疤后，埃德对她充满了同情和理解，并用这种方式向她表示支持。康妮明白了重建矩阵需要的东西，于是有意识地努力在埃德的表情中捕捉善意，从他的眼中领会同情和关怀。她沉浸在他的关心之中，并利用这种关心减轻她对自己家庭背景和出身的羞耻感。他的认可帮助她接纳了自己。他认为她很勇敢，为她的勇气和坚强感到很欣慰。她开始将这些积极的观点添加到她的自我意识中，有意识地体验这些赋予她力量的感受和观念，并不断巩固这种新建的神经通路。

埃德也开始探索他那种"什么，我会有烦恼？"的自以为是背后的问题，与她分享了自己内心深处的不安和孤独感，康妮则为他提供慰藉，对他的能力表现出深厚的信任。

随着他们在关系中进行这些解放自我、重建矩阵的行动，康妮开始明白自己的矩阵是多么的根深蒂固，也开始明白它们是如何起作用的。她意识到她已经对自己的思考模式上了瘾：她已经习惯在心中感到低人一等，觉得自己很差劲，而当她没有这种感觉的时候，她就会挑起和埃德的争吵，重新获得那种熟悉的羞耻和自怜感受。她越是表现得趾高气扬，埃德也就会越傲慢自大。双方都可能激起对方产生"我早告诉过你"型争吵，不肯屈服。于是，康妮开始关注自己的内心状态，尤其是那种低人一等的想法和感受。感觉这种情绪状态出现后，她会迅速转移自己的注意力。一旦对自己的价值产生了消极感觉，她就会主动转变自己的想法。她知道神经可塑性不只有消极作用，也有积极的。

她利用有意识的思维来设计潜意识中的程序：如果我的感觉开始变差，就立刻停下；如果可以的话，就改变自己的状态；如果我遇到困难，就去寻求支持。如果我跟埃德开始了"我早告诉过你"型争吵，我就把它夸大到一个荒谬的程度，直到我们一起爆笑。如果埃德用赞赏和爱慕的眼光看着我，我就会沉浸在这种体验中，以强化我认为自己有人爱、有价值的观念。

康妮已经能够快速转换自己的思考模式了，所以原有模式也不再频繁出现。她见识到了自己原有矩阵的力量，毕竟她曾在上面花了超过一万小时的时间，才发展出那些根深蒂固的自我厌恶想法和消极观念。她并没有幻想自己从此以后会不再自卑，但她已经知道该怎么做才能继续改变这种状况，也明白她能为自己做的最棒的事之一，就是对自己的自我挫败感保持警惕。

埃德很喜欢康妮的变化，作为回应，他自己的手段也不断升级。他改变了自己的"冷酷"矩阵，变得更加体贴、容易接近，并自然而然地展现出了自己的许多天赋。埃德和康妮不再有强烈的相互竞争的意识，而是开始承认对方的才能。他们用"早告诉过你"型争吵来评估自己的优缺点，并改善他们团队合作的状况和彼此的关系。

同时，埃德和康妮学会了遵循"最高水准"，承认在某件事上谁做得更好、谁做得差些。他们仍会争论谁更会做饭、谁更擅长处理他们的财务问题，但他们开始利用这些争论互相学习，完善自己并获得成长，而不是通过贬低对方来提升自尊。

他们发现，重建矩阵能够给他们带来深远的积极影响。这是一段让他们双方及其关系都获得成长的深刻的亲密之旅。

重建矩阵的策略

你是否也想像埃德和康妮那样成功呢？矩阵的重建以及这一过程带来的亲密感，并不是自然而然发生的。他们不断制订计划，执行"解放自我"的战略性行动，以满足自己的渴望，建立起自己的观念和行为习惯。其中，康妮使用了一种非常有效的工具，即开发其"执行意向"（implementation intention）。

她会事先对重建矩阵的机会、可能出现的问题和发生环境做一番想象。她会在心里想："如果埃德吻我，我就沉浸其中，告诉自己我是有人爱的，然后全身心地感受这一点。"她还预想了对埃德迟到的反应："如果埃德迟到了，我会先拥抱他，然后告诉他我想他。之后我要问问他，以后怎样做才能不迟到。"

研究表明，如果你使用"如果……就……"的句式，提前考虑清楚自己打算做什么，在什么时候、什么情况下做，那么你将更有可能让你的打算成真。你可以选择能让你得到理想中回应的行为，套入这种句式，给自己做思想准备。

- 如果我感到愤怒，被伴侣触发了"劫持杏仁核"现象，那么我就会马上停下来，确定自己渴望的是什么，同时看看是什么触发了我。
- 如果现在是星期三晚上，那么我会和伴侣出去约会。
- 如果伴侣对我表现出积极的关注，那么我就要注意到这一点并沉浸其中，把它作为自己被人爱和有价值的证明。
- 如果我感到我爱自己的伴侣，那么我会深情地拥抱她，或者用其他方式表达爱意。
- 如果我的伴侣与我分享某事，那么我就与他进行调谐，有意识地去注意他的感受和想法，告诉他我从自己的角度看到或听到了什么。

● 如果我觉得自己不爱对方了，那么我会看一看是什么困扰着我，告知对方，或是直接说我想要或渴望什么。

"执行意向"可以作为你的整体重建矩阵计划中的一部分，系统地得到开发。我们已经制订了一套重建矩阵的计划来指导你。你将在 http://www.heartofthefight.com 网站上找到该计划和模板。它将帮助你完成你的"如果……就……"策略和重建矩阵的计划。

以下是埃德和康妮在重建矩阵的过程中使用的一些策略。

为未来矩阵绘制蓝图

请发挥创造力，用象征性的符号绘制出你使用"揭露问题"技巧发掘出的限制观念。有些人会画出积木般的立体矩阵，另一些人则会画出自然景象的矩阵。现在，进一步发展它，整合出新观念。你想在重建矩阵时具体体现哪些赋能观念、行为习惯和思考模式？哪些行动、想法和感觉能够反映出你希望自己拥有的新赋能观念？扩展你的蓝图，把你心目中未来的矩阵，也就是你渴望获得的观念和行为习惯也囊括进去。加入你理想中的观念、行动、感觉和思维，使其成为你蓝图中的新结构。用一种特殊的颜色或图案来清楚表明，这些就是你的目标。

制订并实施重建矩阵计划

使用重建矩阵的蓝图，系统性地构建起你的新矩阵。我们已经为你准备好了一个重建矩阵的计划和模板，以帮助你制定策略和运用你已经学到的技巧，请登录我们的网站 http://www.heartofthefight.com。首先，请思考你会对以下问题做出怎样的

第 8 章 重建矩阵　159

回答：你渴望从你们的关系中获得什么？你是如何看待你们的关系的？你想在重建矩阵后改变哪些错误观念？你想要拥有什么赋能观念？现在，请开始计划自己能做哪些没做过的事。例如，你可以在日程表上计划你们每周的约会之夜。从互动量表的右侧或"解放自我"的策略中选取一条内容，每周进行练习并付诸实践。然后每周对你们的约会进行回顾。

制定"如果……就……"策略并进行演练

想一想你能在什么情况、时间、条件、地点和体验下演练你的新赋能观念和行为。使用"如果……就……"的句式来制订计划，将新观念和行为习惯与已经发生或可能发生的情况联系起来。你将用自己的意识去为你的潜意识编码。现在，开始执行这些策略。每周回顾你的进展，并根据获得的经验调整和更新计划。让你的伴侣也加入进来，给你提供支持。你们共同制订计划更好。

重建矩阵的无限可能

正确而持续的矩阵重建是一种魔法。当你熟练使用促进亲密关系的技巧后，这种魔法便会出现。认识到你和你伴侣真正的渴望，遵循互动量表右侧的规则，将为你获得安全感和对方的理解创造条件。通过揭露自己的问题，你会发展出与自身和伴侣达到调谐的能力，会对自己的矩阵拥有充分的认识，并意识到矩阵在你们的关系和对方的人生经历中发挥着怎样的作用。伴随着解放自己的过程，你将在有意识地揭示真实自我的基础上行动，还将开始打破限制观念的束缚，体验到各种可能性。

现在，你通过重建矩阵，严格要求自己不断挑战限制观念。你正在激活自己的神经可塑性，以一种能够更快地重新建立联系的方式与对方进行互动。当你掌握重建矩阵需要的做法之后，就能更有意识、更用心地揭露问题和生活了。

简言之，你们正在让冲突成为一种催化剂，这种催化剂以惊人的方式改变着你们的思维，你们的个人和亲密关系都会因为这些改变得以成长。如果这还不算魔法，我们不知道什么还能算是。

而若想受益于这种可能出现的魔法，你就必须学习坚持下去的技巧，也就是下一章的重点。

第9章 坚持行动
致力于变成更好的我们

致力改善不仅仅是一个简单的许诺或保证，更是一种有意识地去爱、去生活的终身承诺。你能通过在争吵中使用促进亲密关系的技巧，不断学习、成长和转变，从而做到这一点。决定普通和良好、良好和卓越的关系之间区别的因素，便在于如何为实现更好的关系而做出改变。完美的亲密关系并非来自一时的和平，而来自唤醒渴望、紧密互动、揭露问题、解放自我和重建矩阵。通过这些技巧，你能深化你们之间的爱意与亲密感，建立起有意义、有目的的稳固关系，并能从此过上有深度的生活。

致力改善意味着，你要以直击争吵的本质和揭开争吵的奥秘为己任，并将其作为一种生活方式。在致力改善的模式中，你不会再回避分歧、争吵和不安情绪，因为你知道自己可以通过运用之前介绍的技巧，更多地了解自己和对方，发展你们的关系，从而让冲突得到真正的解决。这是一个终身承诺，而为了做到这一点，你需要通过训练来保持自己不脱离正轨。

致力改善需要训练，这意味着不管作为个体还是伴侣，你们都要选择挑战，使自己不断拓展和成长。致力于改善的时候，你们将学会怀抱目标生活，永远为了变得更好而做出改变，不仅是作为个体，也作为伴侣。这便是第六项技巧——"坚持行动"的力量。

从开始到永远

在前面的章节中,你认识了道格和迪宁。他们的故事就体现了坚持行动的重要性。道格和迪宁在大学时相爱,他们都从彼此身上找到了慰藉——道格娶了一个能照顾他的漂亮姑娘,而迪宁找到了一个出身于稳固、成功家庭的男性,帮助她忘记了自己糟糕的父亲,并逃离了那个被她形容为"都是行尸走肉"的压抑家庭。他们都渴望获得接纳和欣赏,并相信自己找到了能满足他们这些渴望的"对的人"。

大学毕业后,他们结婚了。迪宁成了一名精神科医师,而道格成了一家金融公司的分析师。迪宁长期以来一直对工作诊所的老板有意见,道格的职业生涯也举步维艰,这时他们的关系已经开始出现裂缝。迪宁发现跟道格一起生活很无聊,道格则在一次次"你变了"型争吵中越发难以忍受迪宁无休止的抱怨。

正如前文所述,迪宁表示绝不会和道格生孩子,而且正计划搬出去,也已经找到了一间公寓。但在我们对她单独辅导期间,她同意再给这段关系一次机会,于是带着道格来见我们。在对他们双方进行了解之后,我们告诉他们,我们最主要的目标是帮助他们作为个体达到最好的生活状态。我们告诉他们,他们如何将婚姻中的种种不快——如迪宁长期的不满情绪和道格对工作和家庭的逃避——归咎于对方,而这些不快已让他们的婚姻不堪重负。

他们震惊地发现,要想承担起婚姻的责任,他们必须先各自全权承担起对自己的幸福的责任。他们开始对爱情有了新的认识,并揭穿了"从此过上幸福生活"这一迷思的真相。通过揭露自己的问题,他们开始明白他们需要为自己的人生和夫妻关系的旅程付出多少努力。

道格认真对待这一旅程的起点,是他职业生涯遭受挫折的那一刻。他的老板告诉他,他不再是合伙人了。鲍勃帮助道格意识到,他需要重新定义自己,并对自己的职业规划有一个清晰的愿景。获得这次启示后，道格开始着手解放自我、重建矩阵，从一个关注点狭隘的内向者变成了一个外向的梦想家。

迪宁则开始思考，自己在家中一直都是负责的那个人，仿佛从未有过童年，更别提青春期了。她意识到，自己在内心深处渴望过上充实的生活，渴望表达自己，渴望得到关注和理解。为了满足这些渴望，她开始努力更加享受生活，表达自己的想法，变得更活泼和率直了。迪宁的幽默感开始在她对道格的批评中起作用，她直截了当的辛辣幽默让道格觉得批评不再是难以接受的了。

通过揭露自己的问题，迪宁发现自己并非她一直以来所想的那样，于是开始思考自己过去在工作中是如何把能力用在浑水摸鱼，而不是全心投入和获得满足上。过去，她总喜欢抱怨自己那些官僚作风的老板，仿佛这样就能改变什么。但她意识到，假如她想摆脱长期以来的不满情绪，就需要重新定位自己的角色，成为变化的推动者。她挑战了自己关于自我价值的限制观念，在自己的组织管理体系中获得了领导地位。

道格通过揭露问题对自己有了新的定义，同时通过提升社交能力、为客户做出更多贡献并在此过程中发展更多业务而解放了自我，他看待这个世界的视角也开始发生转变。

道格和迪宁在获得幸福的道路上奋勇向前的过程中，也出现了更多的争吵，但他们利用这些争吵的机会更好地了解了自己和对方。当他们解决了"你爱……胜过爱我"型争吵后，便会开始给予对方支持，双方的事业都开始蒸蒸日上，他们还有了一个孩子。他们仍需面对一些艰难时刻，为抚养孩子和做家务等事发生争吵，但他们毫不动摇，知道他们正身处重新定义自己和发现未知可能的旅程之中。

他们努力在各个方面都做到最好，包括分别在心理学和经济学领域中获得了博士学位。后来，他们的儿子成功进入大学，道格和迪宁也都有了更高的目标。道格把自己创建的公司卖给了一家更大的公司，然后专注于专业思想领导能力研究，迪宁则追求着她下一步成为心理咨询师的职业目标。

爱情的新定义

就像道格和迪宁那样，你必须跳出社会文化向你灌输的爱情迷思，重新定义亲密关系，并投身于共同学习、成长和转变的旅程之中。

奉献能加深你们的感情。心理学家罗伯特·斯滕伯格（Robert Sternberg）认为，通过奉献，激情之爱（passionate love）将转变为伴侣之爱。伴侣之爱可能没有迷恋初期的激情那么强烈，但极其强大，能带来深深的满足感。这种爱结合了依恋、亲密和深厚的感情。随着奉献的持续深入，伴侣之爱发展为完美的爱（ultimate love），即很多人认为的终极爱情。完美的爱提供了一种能为我们指引方向的明显的幸福感。这种幸福感能成为我们的灯塔，帮助我们渡过困难时期。如果我们重新定义爱与婚姻，将奉献包括在内，就会更乐意接受冒险，也更容易遵循帮助我们获得幸福的互动规则。

奉献并不仅仅是信守对关系做出的承诺。伴侣有时是因为某些约束条件而在一起的，比如孩子、宗教习俗、家庭压力，或者某些分手则会失去的东西。这些条件也许能让伴侣不分手，但他们会很痛苦。只有真正努力改善现状，他们才会产生更深厚的信任、满足和爱意，让亲密关系变得更丰富和强大。

要得到完美的爱，双方都必须是全情投入且人格完整的人，并能与对方直面冲突。他们转变了对爱情的定义，并致力于成为最好的自己。

使伴侣持续产生幸福感的动力

　　致力于亲密关系的长期发展

　　作为个体和伴侣，都能有目的性地生活

　　通过不懈努力，创造出更深刻、更强大、更令人满意的爱

　　两个全情投入且人格完整的人共同致力于与对方直面冲突

> 进行一些深度的刻意练习，将其作为实现良好关系的一部分
> 切断退路，全身心地投入这段关系
>
> **使伴侣失去幸福感的事**
> 随波逐流，不做决定
> 企图利用这段关系弥补自己缺失的东西
> 只想要初期的激情
> 由于环境因素和约束条件（宗教、孩子等）而延续关系
> 为了方便或环境要求而随便开始一段关系
> 骑驴找马，总想找更好的选择

用进废退的前额叶

道格和迪宁致力于改变自身和他们之间的关系。从他们的故事中可以看出，这并不是草率或暂时的承诺。相反，它是持续、激烈、相互的。经历过好时光和坏时光、浪漫和争吵，他们的信念毫不动摇，这种坚定的心态帮助他们改变了自己和彼此的关系。"坚持行动"是一种通过激活和使用前额叶的力量从而有意识地生活的方式。大脑中的前额叶是你的意愿和意志所在之处，你能借助这个部位有意识地生活（而非依赖无意识的矩阵）。通过坚持行动，依靠前额叶的力量，你就能让顽固的矩阵不再出现并阻碍你的进步。但就像道格和迪宁所学到的那样，做到这点需要我们始终保持意识，并不断为之努力。

他们关系的成功并不是一蹴而就的，没有一对伴侣能一下子就到达幸福的彼岸。例如，道格取得了显著进步，掌握了销售自己财务咨询理念的技巧，成功地加入了一家大型事务所，但在庆祝和放松之后，他不再积极投入，也不再鞭策自己，于是又一次陷入了艰难挣扎。

与此类似，迪宁发现仅仅一次努力是不够的。迪宁热爱园艺，这是她借以放松的时刻。而她完全不知道，她想通过园艺来放松的渴望并不仅是为了放松，而是因为一部分矩阵重新出现，让她渴望逃避责任，并为自己感到难过。放松和休息没有任何问题，但迪宁却把园艺当作一种逃避的方式，试图摆脱自己在工作中体会到的无助受害者的感觉。如今，她在花园中干活时，已不再是为了逃避，而是为了重新改造自己，追随自己对感觉踏实和与外界联系的渴望。

我们的矩阵随时都企图卷土重来，而如果我们不持续激励和挑战自己去学习和成长，它就会再次出现。世界著名的钢琴家弗拉基米尔·霍洛维茨（Vladimir Horowitz）也曾说过："假如我一天不练习，我自己会发现。假如我两天不练习，我妻子会发现。假如我三天不练习，全世界都会发现。"这便是坚持行动的意义，也是你所需要为你们的关系付出的努力。

就像音乐家如果不练习就会失去技能，举重运动员如果不继续给自己加码就会失去力量那样，如果你没有给予"坚持行动"这一点——不仅是致力于改善你们的关系，更是成为最好的自己，造就一段充满活力的关系，实现成长和转变，并让幸福之旅成为你们的生活常态——充分的重视，那么你们的关系就将遭受挫折。

边缘系统会让你回到原来的模式中，让无意识的冲动支配你的行为，而坚持行动才是纠正这一点的方法。不仅如此，它还能让你拥有梦想，并衡量你做的哪些事是不利于实现梦想的。

> **锻炼你的额叶**
>
> 请不断问自己："我如何才能成为最好的自己？""哪里是我的能力所在？""我的另一半身上有哪些可能性？""未来我们的关系可能会是怎样的？""我们能为彼此带来什么好处？""我们

> 能为世界带来什么好处？""需要怎么做才能实现这样的生活方式？"这些都是用前额叶思考的问题，因为前额叶喜欢思考如何找机会创造新的生活方式。

深度刻意练习

道格和迪宁采用了我们在这几章中介绍的所有获得幸福的技巧。此过程要求你有意识地决定自己想成为什么样的人，然后付出努力，有意识地坚持让自己接近那个理想中的样子。

致力于这种深度训练，对我们有着至关重要的意义，因为如今有很多无法维持长久关系的伴侣，都是"顺其自然"地建立起关系的。比如，一对男女决定结婚的原因可能是女方担心自己年纪再大就无法生孩子了。"顺其自然还是达成一致"（sliding versus deciding）是心理学家斯科特·斯坦利（Scott Stanley）提出的一个术语，用来说明伴侣之间如何缺乏深思熟虑的长期承诺，仅仅出于方便就在一起了。这种情况是有意识结合的对立面，常常始于恋爱阶段，当一方房租到期，他们便"顺其自然"地开始同居。他们住到了一起，却没有共同生活下去的决心，只是"顺其自然"地步入了婚姻。这并不是考虑周到、建立在深厚感情基础上的共同选择。

道格和迪宁在经过一番艰难挣扎后终于明白，他们没有选择成为最好的自己，而是误信了"找到'对的人'就够了"的迷思。他们花了很长时间才发现，他们需要进行深度刻意练习，才能让他们的关系继续下去。为了达到这一目的，他们选择参加每周伴侣研讨小组，最后还成为领导者，在实践七条紧密互动规则的项目中指导其他伴侣。他们发现，这种练习能让他们专注于自己最好的一面。他们给予别人的帮助越多，这种专注力就越能加强他们自己的关系。

　　让获得幸福的技巧成为一种习惯需要练习，这就意味着你要致力于识别出哪些因素会触发你们的争吵，并不断训练自己，直到你能在冲突出现时自动分辨出自己渴望的是什么。（教练能帮你认识到这些内容。）然后，你需要更快识别出自己的渴望，更频繁地与伴侣紧密互动，从而揭露问题——在展现更多内心的过程中，学习、分享并拓展自己的理解。你将学着养成一种解放自我的习惯，这样你就能凭借自己的见解以不同的方式行事、说话、感受或思考。在这之后，你便会发现自己已经实现了矩阵的重建，也有意识地参与到了自己的成长进步过程之中。

为幸福而争吵的模板

　　"坚持行动"意味着每当争吵出现或者你发现自己在逃避争吵时，你就需要运用学到的所有技巧。请使用为幸福而争吵的模板，它将指引你自然而然地重建矩阵。同时，你也需要在坚持行动这一阶段遵循紧密互动的规则。回答下列问题将帮助你了解真正发生了什么事，以及该如何应对。你能在我们的网站http://www.heartofthefight.com上找到一个在线版本和示例。

	为幸福而争吵的模板
争吵	导火索：是什么引发了这场争吵？我在逃避什么争吵？争吵爆发时发生了什么？ 感受：我刚刚有什么感觉？我在争吵发生前和争吵过程中有什么感觉？我是否还在逃避别的渴望或感受？ 渴望：我其实并不想争吵，那么我真正希望发生什么？在我看来争吵会给我带来什么？我隐藏在争吵背后的深层渴望是什么？（请使用第4章中的列表。） 分享：与另一半分享自己的渴望，以及你发现的比争吵本身更重要的东西。

第9章　坚持行动　　169

续表

为幸福而争吵的模板	
紧密互动	追随你的渴望：在紧密互动的七条规则中选择至少一种并付诸行动，或在互动量表右侧（第五章）的行为方式中选择一项照着做。
揭露问题	感受：我以前何时有过同样的感受？这是一种限制观念吗？我对这种感觉熟悉吗？我在童年的什么时候有过这种感觉？ 思想：我表面上的想法是什么？内心的真实想法又是什么？与之关联的错误限制观念是什么？它引发了我心底的哪些未解心结？这场争吵体现了哪些？ 分享：与另一半分享你在揭露问题的过程中的新发现。
解放自我	思考：利用揭露问题中的发现去计划和实施解放自我的行动——下一次我怎样才能有不同的表现？计划下一次表现得与这次不同，并告诉伴侣你想采取哪些行动，然后着手实施。 行动：行动包括你的所做、所想和所感。请务必采取一些与以往不同的行动。
重建矩阵	制定战略：为不断解放自我、改变固化和错误观念而制订计划和战略。使用"如果……就……"的句式，即"执行意向"：如果 _____（情况、环境、存在方式、情绪、时间、事件、某个特定的人如何等等），那么我就 _____ 。 行动：现在就开始实施你的计划，经常做，并坚持做。

切断退路

"坚持行动"意味着你们没有退路，无法离开，也不能骑驴找马。"也许还有更好的人……我是不是该离开？""我该在网上看看前男友最近怎么样""我想知道前女友目前是不是还单身""也许他已经变了，我们会更好的""如果……就好了"之类的想法可能会让你感到愉快，但这些杂念其实给了你很多退路。离开的方法、模糊的期望、幻想的条件以及"如果你真的爱我，你就会……"的想法和争执，会消耗你们的能量和活力，导致种种无法解决的反复争吵，其形式多种多样，覆盖我们总结的那15种类型。不深入探究自己当下的处境，而是沉溺于模糊的期望、幻想其他选项、寻找替代方案，你就没有做到"坚持行动"，而是给自己留下了退路。"坚持行动"意味着你要避开那些"如果……就好了"的假设，专注目前关系中的现实情况。

在哥伦比亚广播公司的电视剧《数字追凶》（Numbers）的倒数第二集中，阿米塔要由她的准公公艾伦陪伴着走过红毯，在那之前，她问了艾伦关于婚姻的事。艾伦开玩笑说："如果你不想结婚，现在是逃跑的机会。"阿米塔肯定地表示自己是认真的，于是艾伦回答道："我记得在我婚礼那天，我突然有了这样的想法：'如果我就这么走开，保持单身，独自生活，一切都简单又容易，我的人生会如何呢？'这么多年过去了，我常常会想象那样的一个我，一个人自由自在地做想做的事，生活是多么简单又充满乐趣。而我自己目前的生活却变得有些复杂，有时还很痛苦……但无论如何，我从来没羡慕过那个家伙，一次都没有。"在艾伦说这些话的时候，他表现出了对切断退路的重要性的理解，他一旦承诺要走某条路，便会拒绝考虑其他可能的退路。

"如果你真的爱我"这种类型的争吵，就经常暗含另找退路和放弃努力的意味。在这种争吵中，人们会要求对方努力，自己却不愿努力。道格用这种争吵来测试迪宁的爱，这体现了他从一开始就不愿承担自己在"坚持行动"中的责任。他过去常说："如果你真的爱我，就会把家打理得更好，会早点回家，就算我没告诉你也该知道要给我买什么，会穿得更体面，不需要我苦口婆心地劝说就主动支持我的工作活动。"这种发源自亲密关系的争吵还衍生出无数种形式，比如"如果你真的爱我，就该在你妈挑剔我的时候站在我这边"或是"如果你真的爱我，就不会用那种语气对我说话"。在这种对话中，与其把错误观念强加给自己，觉得恋爱中的人都该会读心术，无条件地服从对方意愿，倒不如把关注点放在明确自己或对方为什么会打出"如果你真的爱我"牌上。

道格是在一个把爱等同于读心术的家庭里长大的。他的家人认为，如果某个人没读懂你的心思，就表示那人不爱你。"如果我要什么得自己说，那就完了。"这种误解是他需要克服的无意识的错误观念之一，他必须负起责任，直接告诉迪宁自己想从她那里得到什么。

给伴侣设定细枝末节的标准和条件，以此证明对方是不是爱你，只会表明你自己不打算努力。这种做法提高了你放弃这段关系的可能——如果伴侣没有用你理想中的方式证明对你的爱，你就不会对这段关系投入，甚至可能离开他/她。而"坚持行动"要求你做好你需要做的事，让自己得到满足，也让关系顺利发展。

人们因为害怕失去自由和选择，总喜欢给自己留出退路，而实际情况恰恰相反。切断退路能让我们更专注于自己的恐惧和渴望，并会采取更多与此相关的行动。这使得我们能在生活中保持前进，而不是在事后质疑自己。不仅如此，切断退路还要求我们面对自己。通过面对自己，道格和迪宁迫不得已地说出了自己曾选择忽略的那些事。当道格和迪宁看向前方，专注于他们想到达的地方，而不仅仅停留在过去的伤痛、限制观念和遗憾上时，他们就能投入精力，获取更大的成就，更有成效的冲突和更深厚的亲密感，而且，他们能得到的比他们想象中的还要多。

看看你有哪些退路

找出你在关系中没有百分之百做好的地方。你是否在退缩，还是说沉溺在矛盾心情之中？你是否一直都在抱怨，却没有做任何改变现状的事？你是否总是说些空话？你是否存在被研究人员称为"替代品搜寻"的情况——考虑其他选择，幻想更换伴侣？这些都是你们的关系中存在退路的迹象。如果你对这些问题的答案都是肯定的，你需要承认这些退路的存在，并集中精力切断它们。想象一下，如果你用这份精力去练习提升关系的技巧，你能做些什么？

隐形的退路

有些伴侣并不质疑自己对伴侣的选择，但他们却可能有些看不见的退路，某些重要的能量会通过这些渠道泄露。这些伴侣并没有付出行动，而是把自己的渴望转化为软瘾，养成了那些看似无害却会耗尽他们的生命力、榨干他们关系中的活力的习惯。

比尔在加入我们的项目时，是一名沉迷于游戏的高科技产业工程师。可想而知，这导致他和妻子之间存在着"你爱……胜过爱我"型争吵。在进行了半年的个人成长训练后，他的妻子表示，刚结婚时的那个比尔终于回来了。他不再每晚花4个小时在电脑上，相反，他会花时间和孩子们玩耍，并会和她同时上床睡觉。他的事业也开始有了明显起色，得到了加薪和升职，再次进入了公司的快车道。

比尔意识到，他对游戏的渴望之下，是他对刺激、挑战和掌控感的更深的渴望。当他开始面对家庭和工作中的种种挑战时，他发现了自己曾错过的那些兴奋感和亲密感，以及掌控了生活的游戏——而非电子游戏时的满足感。

沉迷于看电视、购物、社交网络甚至是健身之类的软瘾，都会使人停滞不前，还会让亲密关系付出巨大的代价。软瘾会导致我们对自己的渴望和感受变得麻木，而它们原本可以为我们的关系带来卓有成效的争吵和积极的变化。我们没能重新激活自己的前额叶皮质。我们和伴侣都清楚现实生活会带来哪些不适感，因此会从中逃离，转而沉浸于上网、购物或其他想做的事中。

如果不摆脱这些隐形的退路，我们的渴望就会让我们变得更随波逐流，我们还会把渴望转变成肤浅的行为，而我们想做的那些事既不会让我们进步，也没有任何好处。软瘾作为一类非自然事物，替代了亲密关系等我们真正需要的东西。无论你的软瘾是何种形式，最终都需要你付出努力，重新挖掘更深层的渴望，而非满足表面上的肤浅欲望。

> **从软瘾中获取经验**
>
> 　　不要留着隐形的退路，放纵自己沉浸在软瘾中，而是要从中获取经验。你要意识到自己有哪些软瘾，用它们来发现你真正的渴望，然后以有意义的方式实现这些渴望，最好是跟你的伴侣一起完成。每一个软瘾都是你在试图满足更深层渴望时做的错误尝试。请把这些肤浅的欲望转化为背后更深层的渴望，然后直接去满足你的渴望。

　　例如，如果你花在社交网络上的时间比与另一半相处的时间多，那么你渴望的可能是联系、归属感或自己的重要性。确保你们有一个固定的约会时间，并主动寻求关注和联系。向你的另一半伸开双手，让他/她抱抱你，让你安心，或者分享你的烦恼。练习互动量表右侧有创造意义的积极行为，更直接地满足自己的渴望。更多建议，请参见朱迪斯的《软瘾解决方案》(*The Soft Addiction Solution*)，或访问http://www.judithwright.com/soft-addictions。你将找到一份清单，从中发现自己有哪些软瘾。我们还提供了一个模板，能让你明白你的软瘾背后隐藏着什么渴望。你可以把研究软瘾当成一种游戏，用这种有趣的方式将你的软瘾与更深的渴望联系起来。

乘胜追击

"坚持行动"涉及多种不同的训练，其中一种特别有价值的类型被我们称为"乘胜追击"（flip on the up），也就是在事情进展顺利的时候冒点儿险。道格和迪宁发现，一切进展顺利的时候，他们就会开始飘飘然，而当他们不再努力后，前额叶就会停止工作，他们的生活便会开始倒退。他们原先的矩阵会再次出现。他们停止了持续不断重建矩阵的训练过程。

所以，请在事情进展顺利的时候继续争取吧。诺贝尔奖得主丹尼尔·卡内曼（Daniel Kahneman）和同事阿莫斯·特沃斯基（Amos Tversky）发现了一种被他们称为"损失厌恶"（loss aversion）的现象：人们想象中损失会带来的痛苦，远高于从冒险和采取新尝试中能得到的潜在快乐。"损失厌恶"心理使得我们在事情进展顺利时故步自封，不愿在到达高处时再冒点儿险，也不做进一步的投资，而所有优秀的运动团体都会在这种情境中或旗开得胜时乘胜追击。出于"损失厌恶"心理，我们开始在生活中逃避痛苦。我们只想留在当下，却不采取任何积极行动，试着让情况变得更好。

为了理解乘胜追击的含义，请想象你刚刚在拉斯维加斯赢了很多钱的情景。在那种情况下乘胜追击，你将有机会得到双倍筹码。与此相对的是，你也可能会失败。在后一种情况下，你就需要离开，损失一笔钱，然后从中吸取教训。"损失厌恶"能够解释我们为什么会坚持进行一些不良投资。

同样的情况也会发生在两性关系中。道格和迪宁在他们遇到问题时付出了代价，然后寻求了帮助。当然，在事情进展不顺利时理应去咨询，但请想象一下，这和在事情进展顺利时就得到咨询建议相比，哪种更好呢？这也是道格和迪宁学到的经验教训。

> **行动起来**
>
> 在事情进展顺利的时候,问问自己,我们怎样才能让事情变得更好?我们是否还能进一步学习和成长?我们怎样才能拓展自己,更深入地发掘问题,看看我们的关系能发展到什么程度?现在就请采取行动吧。诚然,在美好时光中问这些问题需要很强的自律意识,但这种自律对坚持行动而言至关重要。

设立愿景

愿景能促进我们致力改善,让我们感知到自己将去向何方,这种构想就如同在森林中使用指南针,能指引我们前进的方向。它让我们始终拥有方向感、动力和决心。愿景帮助我们在漫长岁月中持之以恒地保持前进,它让我们清楚自己的目标和付诸实践的计划,并帮助我们想象如何在遇到障碍时改变路线。愿景有着强大的力量,有助于开创新的可能性。美国的建国者为公民构想了一个推崇自由和公正的国家;父母们为新生儿构想了美好的未来;父亲则为出嫁的女儿构想了美好的婚后生活。

你如果已经读到了这里,会对你们关系的可能性有更清晰的认识。我们希望你能再加上这一点——愿景。我们为你构想了一个未来,它包括信任、理解和亲密,以及困难时期温暖的滋养和支撑。我们希望你能从另一半那里得到欣赏和感激,也希望你体验挑战和刺激,那是地平线上初升的可能性。我们能想象到,在这段亲密关系中,日益加深的亲密感和可能性会伴着你们共同冒险、学习与成长,让你们发挥出自己的潜力。

在我们心目中,还有不计其数的内容可以构想。你也一样,只要在读过这本书后去实现自己的愿景并不断练习,你就一定能做到。现在,是时候为了构想中的美好未来一起努力了,你们将为幸福而争吵,挖掘出争吵的本质,分享彼此的快乐。

如何构想

通过对你自己和你们的关系进行构想,你会找到努力的方向。问问自己的内心:我渴望在关系中得到什么?如果我实现了自己的渴望,我的生活将是什么样的?我想成为什么样的人?在我的构想中,我会成为什么样的人?我将有什么感觉?我将如何表现?我的存在方式将是什么样的?我将如何表达自己?我自己和我们的关系会有哪些可能性?

现在,请从伴侣的角度问下列问题:我对我们的关系有怎样的愿景?我对我们之间的互动、家庭生活、团队合作、赋能和资源的使用又有何愿景呢?我们该如何相处?我们将如何表现?我们将有什么感觉?别人会如何看待我们?我们的表现会对世界有什么影响?(可能的话,让你的伴侣也回答这些问题。)

现在,请把你构想的内容写下来,就好像是当下真实发生的场景一样:我是 _____,我在做 _____,我们现在 _____。运用你的感觉、感情和思维方式,让这些愿景更加丰满。不要把注意力放在可以衡量的目标上,而是去感知你将变成什么样、会有什么感受、会如何行动,以及你将成为一个什么样的伴侣。

爱的勇气

通过使用获得幸福的几大技巧,你会在亲密关系和不断加深的爱意中发现种种可能性。你不仅能让你们的关系更加丰富多彩,你自己也会随着关系的发展而变得更优秀和强大。然而,你现在应该已经发现,致力于成为最好的自己,活成自己构想中的样子,都需要勇气、技巧和练习。"坚持行动"要求你在享受快乐的同时直面自己的恐惧,要求你在创造更强大、更有力、更和睦的关系的同时,自身也变得更强大,懂得如何去爱。这便是我们将在第三部分中阐述的重点。

第 三 部 分

开放心胸，拓宽视野

第10章 情绪成熟

亲密的共处、相爱与争吵

　　真正的亲密需要勇气、诚实和情商，拥有这些，你才会明白自己的感受，自己真正的样子以及自己的主张。如果你决定把我们讨论过的技巧运用在你的生活之中，你会发现自己必须清晰、勇敢、诚实地思考，同时要去充分地感受。这意味着你需要情绪上的成熟度。如果你的情绪不够成熟，你就无法正确理解亲密关系，会认为爱情只意味着被认可与接受。

　　真正的亲密关系是更大胆、更具冒险精神的。它需要你带着责任感和对未来的构想去致力改善，用前额叶生活。它也要求你做好准备，自己抚慰自己的伤痛和恐惧，而不是仅仅指望另一半来关心你，或让你觉得受到接纳、有安全感。亲密关系也并不意味着无条件被爱——那只是一种依赖而已。本章的核心内容是不受制于人、自主获取的亲密感——你需要把自己与家庭、伴侣区分开来，形成自己的独立人格，并发展出深厚的亲密关系所需的成熟情绪。你拥有了成熟的情绪之后，会感受到它带来的妙处：更棒的情绪控制能力，赋予彼此可能性的力量，独立的人格，对强大而成熟的爱人的信任，以及深沉、亲密的爱情——这便是本章的主题。

成长，协作，更亲密

"你让我的生命变得完整。""没有你我就活不下去。"

浪漫吗？不，这些陈词滥调可能听起来浪漫，但如果相信它们，那么你还没有完全具备发展深层亲密关系的情绪能力。如果你觉得自己并不完整，想找个人来让你变完整，那么你并没有独立人格。独立人格，意味着你要有可以满足一段成熟关系需求的独立个体。你还没有完全脱离他人而存在，意味着你还没有彻底长大，没有完全离开家。你不是一个独立于家庭或伴侣的个体，尚未完成自己的成长过程。

亲密关系的建立，需要双方都成为成熟、完整的个体。而我们中的大多数成年人都没有完全实现自我发展，于是无意识地试图在两性关系中完善自我。但两个未独立的人在一起后，就会陷入亲密关系的某些误区。

请这样想。你们紧紧拥抱对方，只看得到彼此的肩膀，或者四目相对地站着，鼻尖只距离20厘米，这两种情况中哪一种更亲密呢？如果你像第一种情况那样深陷在亲密感之中，就无法分辨双方各自的状态——你们都忙着让自己完整或彼此紧抓不放，想要融合在一起，所以你们就"看不到"对方了。在这种状态下，你们的感受和思想都是由对方决定的。亲密关系要求我们在一起时也能保持独立人格，同时把彼此视为独立的不同个体。

让我们独立而亲密的动力

在所有成功的关系中，都存在着两种互相作用的强大生命力：一种是缩短彼此距离的拉力，一种是让彼此保持独立的推力。我们以各自的方式协调这两种力，让它们共同发挥作用，让我们拥有满意的生活和亲密的关系。要发展出成熟的情绪，就需要协调好这两种力量。

争吵往往就是我们在无意识中处理这两种力量的方式——我们要么用推力分开了彼此，要么在拉近彼此距离时使用了错误的方式；我们中的一人可能试图拉近距离，但另一方却想保持距离。有些伴侣发生争吵的原因可能是感觉距离太近或太远，这两种情况都令人感到不适。

只有情绪成熟的人才能驾驭这两种力量。我们必须学会抵抗诱惑，既不疏远对方，也不试图把伴侣"据为己有"。我们必须发展出成熟的自我认同，让自己从心理上脱离原生家庭。这意味着我们要发展成为一个有自我意识、能自己做决定的强大个体，在抱着开放的心态负责地与对方分享的同时，保持自己的独立人格。这样的分享是以一种能促使双方进一步发展的方式进行的，这就包括为幸福而战和挖掘争吵的本质。

在这种成熟状态下，无论你的伴侣是否会对你表达赞许，你都可以自由地表现自己，表达自己的观点、喜好和欲望。在你成长和成熟的过程中，你还能发展出情绪适应力。你有各种各样的情绪，并能对它们负责。无论你的伴侣是成长、改变还是拒绝成长，你都不会觉得自己受到了威胁。

你越是独立于他人而存在，就越不会为别人的认可和爱意而焦虑。指引你前进的方向的将是你的渴望，而非义务、内疚感、固定的狭隘角色或是谁的期望。当你让自己完全独立以后，你会获得更优秀的情绪控制能力，可以在争吵或不安的状态下缓和自己的情绪，而不是呆滞或被吓坏。

如果你没能建立起足够独立的人格，你的期望可能不是过于偏激，就是模糊不清。当你的执念得不到满足时，你便会心烦意乱、停滞不前或无法考虑变通。而当那些模糊的愿望未得到足够关注时，你也会感到失落，可能还会情绪波动。无论处于这两种模式中的哪一种，一旦你稍微有点失望的感觉，你们的关系就会紧张起来，往往还会爆发争吵。由于独立的过程始于你从自己的原生家庭中脱离出的那一刻，这些紧张的氛围常常会在"原生家庭矛盾"型争吵中爆发,就像下面这对年轻夫妻在他们寻求幸福之旅初期时那样。

从爸爸的小女孩到独立女性

杰米和丈夫埃里克都是成功的专业人士,且在社交方面相当活跃。他们看起来强大而独立,谁都看不出他们之间竟然会有无休止的"原生家庭矛盾"型争吵。

埃里克:"你别每次一烦就给你妈打电话行吗?每天都这样!天哪,你不是个小女孩了啊。我受不了总要跟你的一家子一起生活了。真是受够了!现在我才是你的家人!我希望你能让我感觉到这一点。"

杰米:"我不能抛弃我的家人。如果我跟他们说我们星期天不想去他们家吃饭,会要了他们的命。他们会怎么想啊?我不能伤害他们的感情。我是他们的女儿!"

埃里克:"你是我的妻子啊!"

除了接受自己的原生家庭之外,杰米对埃里克没有什么别的要求。她一直努力取悦丈夫和自己的家人,从未认真考虑过自己想要什么。杰米无法做出行动改善他们的夫妻关系,她被禁锢在自己原生家庭的阴影里。她和埃里克的争吵以及埃里克坚定的立场都令她无比烦恼,但她也不愿违背自己家人的期望。杰米不是一个发展完善的成熟个体,她受到了家庭角色的限制,她的主要身份是父母的女儿,而不是人格独立的自己,也不是一个妻子。因此,杰米一口咬定是埃里克心胸狭隘,她不理解他怎么会要求她不和家人在一起,还不允许她向母亲寻求建议。每当埃里克和自己的父母意见相左时,她就会听从看起来更不开心或反对情绪更强烈的那一方。

杰米开始寻求帮助,而当她的成长小组对她的思维方式提出质疑后，杰米开始意识到原生家庭的羁绊让她付出了怎样的代价。她妨碍了自身的成长，也让自己无法体验到她渴望的亲密感和做自己的自由。

杰米看到，她被自己对家人反应的恐惧所支配，不敢对他们说"不"，害怕成为家人眼中的"坏女孩"。仔细思考过这些问题之后，她意识到是家人在要求她表现顺从，而他们的爱是以她的顺从为条件的，这个发现让她很生气。

随着思考越来越深入，她意识到自己害怕的是不再能当爸爸的小女孩，她还担心如果自己不在节假日等时候去调和父母之间的矛盾，他们会吵得难以收拾。比起避免自己和丈夫之间发生争吵，杰米把更多精力花在了避免父母发生争吵上。她开始明白，埃里克对她拒绝长大和离开原生家庭的抱怨是对的。通过遵循紧密互动的规则，杰米意识到她此前一直把自己该负责的情绪问题归咎于埃里克，也意识到令自己感到百分之百满意是多么困难的一件事，因为她一直很关注别人对她的评判。

杰米重新调整了自己的方向，开始利用与埃里克之间发生的争吵去发掘自己成长过程中存在的问题，并下定决心要改变原先的模式。杰米和埃里克使用获得幸福的技巧后，挖掘出了各自内心深处的渴望，杰米开始关注自己的需求，而不仅仅是家人或其他人想要的东西。她发现自己的所作所为很大程度上是出于内疚，并非自己的需求，而且发现自己本来也不想花太多时间和家人在一起。他们都意识到，通向更深的亲密感的道路，其实与他们之间的关系并没有太大关联，而是需要对他们自己下功夫——双方都需要对自己的情绪负起责任，并解开自己的心结。他们正在重建自己的矩阵，发展出新的价值观、信念和标准。

起初，埃里克看起来更独立，而现实情况是，杰米和埃里克的独立程度处于同一个水平，人格独立的程度也一样。通常情况就是这样的，我们会与和自己的独立程度相仿的人成为伴侣。埃里克总表现出一副冷静、冷漠的"我已经搞定了"的样子，但这个虚假的自我是为了掩盖他情绪弹性的缺乏以及应变模式和观念的僵化。他与家人之间的距离没那么近，但他也没有完成自己的个人发展，而通过努力加深亲密关系对他来说同样是遥不可及的。

埃里克和杰米都对自己越来越诚实了，你也可以做到这一点。审视一下自己：你是不是出于内疚或责任感而给家里打电话的？如果不用考虑后果的话，你是否宁可不去见他们？你的大多数社交生活都与家人一起度过吗？你的家人是不是你最好的朋友？另一方面，你是否因为不适、争吵或者与家中某人有冲突而尽量避免回家？不管是哪种情况，你都要努力发展独立的人格，为拥有成熟的亲密关系奠定基础，这种亲密关系必须由你自己亲手获取。这就意味着，你要能够感知自己的情绪，并遵循紧密互动的规则，尤其要全权承担起让自己满意的责任。

你的行动越遵循获得幸福的技巧——唤醒渴望、紧密互动、揭露问题（你的未解心结、虚假自我、依恋图式、矩阵中的限制观念以及关系中的触发因素）、解放自我、重建矩阵、坚持行动，你就越能发展出更强的情感弹性、适应性和责任感。这样做的时候，你就会变得更加独立，也能获得更亲密的关系。

你将会理解这条关于成功关系的重要真理：获得完美关系的秘诀并不在你们的关系本身，而在你们自己。

亲密关系从自我成长开始

通过发展独立人格、脱离他人影响，杰米和埃里克都拥有了独立、成熟的情感。你也可以达到这一目标。如果你在亲密关系中也能有清醒的自我意识,就会有所发现并得到发展,而不会失去自我。

通过确定自己的原则,追随自己的渴望,坚持自己的愿景和价值观,你将能与伴侣形成一种平等感。你们不会给对方打分,而是拥有一致的立场。你们视彼此为有才能、有责任感的自由个体。你们彼此尊重,在所有的沟通中都能敞开心扉、直截了当。

通过这种方式,你将能自主获得亲密感,而不需要受制于他人。为了牢记其中的区别,请你思考一下这两种亲密关系有什么区别。

受制于他人的亲密感:"我会告诉你我的情况,但前提是你也要告诉我你觉得我是怎么样的人。如果你不说,那我也不说。但我想说,所以你也必须说。我会先说我的,这样一来你就有义务告诉我你对我的真实看法。这样才公平。而且只有你让我有安全感,我才会说。得让我信得过你才行!"

而自主获得的亲密感是在让对方了解你的真实想法的同时,由你自己的内心给予你支持。比如你会告诉另一半:"我并不期待你能同意我的观点。你存在于这个世上,不是来证明我的,也不是来让我变得更强大的。但我希望你能爱我,而如果你不了解我的话,就没法真正地爱我了。我不想被你否定,但我如果想让你接受我或给我安全感,就必须面对这种可能性。现在,我想把真实的自己展现给你,我也会面对注定分离和死去的现实。当我们不再共同活在这世上的那一天到来,我也希望你曾经是了解过我的。"

亲密、独立和情绪成熟

只有当你是一个情绪成熟的独立个体时,你才能成功地自主获得亲密关系。如果你想拥有这样健康的亲密关系,你需要培养一种强烈的自我意识,并在心理上变得越来越成熟。等你对自己在亲密关系中的表现有了清楚的认识，明白自己的信念和价值观，不再为虚假自我而辩解时，你就会发现自己能更好地看待自己和对方的局限、焦虑和缺点了。你不会再把责任都推给对方，而是会更多地面对自己，直面自己的恐惧和阴暗面（比如自私、仇恨、控制欲、隐瞒、施虐倾向和自我贬低）。

当你努力形成独立人格，从他人影响下脱离时，你会为了避免自己回到原先的状态而减少争吵，取而代之的是更加真诚的沟通。你会承认自己哪里做得不对，你的伴侣即便没有和你一样反省，至少也会感到惊讶。当你坦然承认自己对现状进行了怎样的投射和扭曲后，你就会感到更放松，也将更容易接受成长的痛苦，明白没有痛苦就没有收获的道理。你不再纠结于自己的局限，便能在两性关系之外也更快地调动起自己的力量，更坚定地朝着内心渴望指引的方向前进。在面对挑战的时候，你会更好地给予自己支持和安慰，同时斩断软瘾等放纵自己的弥补行为。你对自己和伴侣的指责也会减少，并会选择主动营造你们的亲密关系，不会受制于对方的反应。

请记住，没有人能做到每时每刻都完全成熟。真实才是关键。情绪达到高度成熟并拥有完整的自我，需要你毕生的努力。

给你的独立程度打分

请参照上述内容，想一想你在关系中是否做到了情绪成熟和个体独立。你的独立程度是多少？从1到10给自己打分。

10分：你具备清晰、强大、非防御性、由渴望主导的自我意识，且拥有正视、承认和接受自己阴暗面的勇气。几乎在所有情况甚至是压力之下，你都能表现出成熟的情绪，自主获得亲密感。

1分：你总是指责对方，将过去投射到现状中，受原生家庭控制，被恐惧支配，被情绪淹没，亲密感受制于对方。在紧张或

> 发生冲突的情况下，你甚至还会逃避认识和发展自我的机会。
>
> 只有通过不断成为更独立，更优秀的自己，你才可能在你们的关系和你的生活中体验到幸福。

情绪成熟才能真正亲密

杰米仍然对家人的反应心怀畏惧，但她并没有让这种恐惧阻止自己前进的脚步，同时也不再像从前那样屈服于埃里克了。她学着把这些情绪激烈的时刻当作发展自我的机会——这也是良好的亲密关系要求的。有时，她甚至会把自己的恐惧告诉埃里克和她的父母，她还惊讶地发现自己对他们的反应感到愤怒。她学会了表达自己的想法，同时发掘出了自己情绪中的内在力量。

杰米开始拥有独立的自我，能自如地独立行动和思考了。通过使用获得幸福的技巧，她的心理变得越发成熟，体验到了自己情绪的力量，也体会到了这些情绪如何有助于提升亲密度。

情绪成熟意味着，你能有意识地面对自己的情绪状态、心理感受和生理体验。你会用情绪的智慧来指导自己。你的感觉取决于你如何感知自己的渴望和内在的推动力，而你的情绪意识会提高你在揭露问题时所需的洞察力。培养你的情绪控制能力将帮助你解放自我，直面打破限制观念的恐惧。

如果不具备控制所有情绪的能力，你就没法彻底改变自己，也无法拥有最令人满意的关系。对自己的情绪有深刻的了解并掌握技巧，并不等同于控制这些情绪。实际上，对情绪的控制是情商和亲密关系发展中的主要障碍。大多数人都会想方设法减少恐惧和愤怒感。这就好比把驰骋草原的千里马硬塞到狭小的马厩里，强行阻止它们自由奔跑。我们在压抑自己的情绪上花费了太多精力，却不学习从承认、表达这些情绪的行动中获益，但事实上，这样做才能充分发挥出这些情绪的真实作用。

杰米正在经历着前所未有的情绪体验，仿佛变了一个人。她感受到生命的力量在体内更自由地流动。她的情绪变得更自然、更畅快、更真诚也更有活力，同时还拥有了更加独特和独立的自我。杰米发现了亲密关系中的一个秘密：她的自我越独立，就越能帮她发展出轻松、畅快的成熟情绪，也越能让她体验到亲密感。她意识到，能否体验到深层的联系和亲密感，在于这段关系对她自己和她的情绪而言有何意义，而不仅仅取决于她和埃里克之间的互动行为。

一支管弦乐队之所以能演奏出扣人心弦的交响乐，是因为其中的每一位音乐家都知道如何演奏自己独特的部分。同样，唯有能够自由、充分地认知并表达自己的伴侣，才能拥有深厚的亲密关系。

同时，就像专业的音乐家要先学习读乐谱，并通过大量练习演奏出更美妙的音乐那样，伴侣们也必须学习爱情的奥秘，从而创造出长久的亲密关系。同台演出的音乐家必须能够相互理解，协调演奏。同样，伴侣们也必须致力于在最高的层次上理解对方，使彼此的关系变得协调。你们需要学习并掌握用心交流的语言，这就是下一章的重点。

第11章 掌控情绪

亲密关系的智慧

优秀的伴侣能在感受、动机、价值观和欲望等非常高的层次上理解彼此并做出回应。他们在面对严峻的挑战时能够轻松地拥抱和读懂彼此，并有效地表达自己。他们可能已经掌握了大量关于情绪的词汇，但还一直在学习新的、精妙的表达和理解方式。他们也会因为愤怒而表现出激动情绪，或因为感到受伤而痛苦呻吟。总之，他们会在必要时缓和紧张气氛，也会遵循自己的欲望去坦率地表达。

他们的内在意识来自他们在理解伴侣时获得的自我认知和警觉感，这些理解来自悉心感知对方的行动和发自内心想了解对方的愿望。这些伴侣呼吸着甜蜜的气息，散发着爱慕的芳香。他们每天都不会停止学习爱的语言，也不会停止寻找更多的表达和理解方式。他们不断地发展自己的情绪意识、情绪能力、表达能力和成熟程度。

他们从不会摒弃亲密关系中最简单的道理，而是在关注那些能帮助他们从痛苦中学习以及提升快乐指数的基本要素的同时，不断提升自己的表达和理解能力。他们始终敢于担负自己的责任，不论快乐、痛苦还是愤怒，都会明确地表达爱意。他们想要的是明确而深入的联系。

他们发展出了流利使用情绪语言的能力，那是心灵的语言。随着不断的练习和表达，他们的亲密指数也逐渐提高。

基本和次级情绪

我们在学习一门语言时，要学习基础知识，不断积累词汇，练习交流和表达，才能提升自己的水平。而在学习爱的语言时，我们需要不断提升自己的情商，以此加深我们的亲密关系。

我们每个人都有恐惧、痛苦、愤怒、悲伤和快乐等基本情绪，但如果我们想为幸福而战，就需要更清醒地认识到这些情绪，同时更深刻地感受它们。

次级情绪是基本情绪的结合体。内疚就是一个例子：它结合了痛苦和恐惧，常常还带有愤怒。你的内疚情绪乍一看可能不像恐惧、痛苦或愤怒，但它通常以一定的比例糅合了这三种情绪。对于次级情绪，不同的人会有不同的体验，因为次级情绪是以我们个人内在的经验为基础的，这类情绪以独特的方式把基本情绪结合在了一起。基本情绪像是字母表，而次级情绪就像是由这些字母组合而成的单词。为了达到我们的目标，我们要努力掌握这张字母表。

大多数人都在一定程度上对情绪有着错误理解，认为情绪分为"好的"和"不好的"，比如快乐是"好的"，而恐惧、愤怒、痛苦和悲伤是"不好的"。而在一些阴郁的家庭中，快乐反而会受到质疑。事实上，若能合理地运用这些情绪中与生俱来的功能，所有的感受都将是"好的"情绪——它们是人类经验中的一个强大的组成部分，每一种情绪都会在我们体内编码，以此预测我们的需求，并让我们做好准备采取行动，降低伤害或危险，体验到更多的快乐。不是我们的感受"不好"，问题出现的原因在于我们缺乏与之打交道的技巧，也没能负责任地表达出这些情绪。

你对自己感受的态度

请留意你一天中的情绪。你一整天都处在各种各样的情绪之中，但我们中的大多数人都只会习惯性地注意到最强烈的那一些。你是如何看待情绪和感受的？哪些情绪是你认为可以表现出来的，又有哪些是你嗤之以鼻的呢？哪些情绪让你觉得最舒服？你退缩、紧张或忧郁的时候，是否没意识到自己感受到了恐惧？你会因为觉得痛苦是一种不成熟或没气魄的感觉而克制它吗？会因为觉得愤怒只会让事态恶化而压抑它吗？你擅长拥抱悲伤吗？觉得快乐是危险的吗？学会用积极、有效的方式识别和应付各种情绪，将帮助你发现其实没什么所谓的"不好的"情绪，那些只不过是我们心怀畏惧并还没学会利用的感受罢了。

基本情绪都有一个基本目的：引导我们从痛苦走向快乐。例如，恐惧使我们走向安全之处，伤痛使我们寻求认可，从而得到治愈，而愤怒则使我们远离会受伤或恐惧的情境，并达到预期的理想结果。悲伤源于失去快乐或爱，会加深哀痛，但快乐则是纯然的喜悦。悲伤还会刺激我们更多地进行表达、交流和释放感情。当这些对应特定情绪的资源得到释放时，我们会感受到一股能量和活力，以及更开阔的意识、坦率的思想和幸福感。

当我们与另一半分享情绪体验，并感到对方与自己感同身受时，我们对被理解和被感知的渴望便得到了满足。通过这样的方式彼此分享、彼此连接，我们不仅有了更好的感觉，我们的自身也在变得更好。杰米发现，虽然她渴望得到埃里克的认可，也很享受他与她感同身受的感觉，但她已经能做到自主获得亲密感了，而且能够维持一种自己过去无法达到的平衡。

发展出成熟的情绪能促进我们自主获得亲密感，而亲密感的增进会使我们的情绪更加成熟。在面对冲突、愤怒、羞辱或反对时，如果你能做到有效地调节和表达自己的情绪，就表明你具备了自主获得亲密感的能力。在成熟的关系中，你可以拥有不同于家人或另一半的意见和价值观，同时仍能与他们在情感上紧密相连。在一段亲密、忠诚的关系里，这样做能让你得到对方的理解，你也将充分地了解和爱对方。

评估你的情绪控制能力和亲密关系技巧

要评估你控制情绪的技巧和能力，你需要形成成熟的心理和自主获得的亲密感。

当你的父母、家人或另一半反对你的时候，你是否能跟他们继续好好说话呢？你是否会表示不同意他们的观点，同时保持情绪稳定，或者至少不退缩也不气急败坏，而是继续与他们谈论下去？当他们想让你感到内疚，你是如何处理的？你是会顺从他们、畏畏缩缩，还是觉得要责怪他们、让他们感到惭愧？你是会屈服于关系中的压力或他人的欲望，还是会抗拒他人的意愿呢？你能否不通过敌意和消极逃避的方式拒绝别人的意见或要求？

情绪能力的四个方向

控制情绪的技巧究竟是什么？很多时候，伴侣们会认为情绪控制能力只会让他们感到低落，让他们变得麻木或是促使他们离开。如果你正在一场商务会议上或处于几近崩溃的状态，这种策略可能会奏效，但控制情绪的技巧还应该包括给自己加油打气的能力——让你在情绪懈怠时提起精神，让你更快地在一段关系中开始与伴侣紧密互动，也能使你的快乐更加强烈，或是激起你的愤怒，从而实现你所渴望的改变。你越是对自己的情绪抱着开放的态度，就越容易表达出这些情绪，然后正确地调节它们。

杰米知道，她害怕惹恼埃里克和她的父母，但她不知道如何辨识出自己的痛苦和愤怒，而表达这些感受则需要更多的练习。尽管杰米很害羞，但她比埃里克更能感知到自己的情绪。埃里克发现自己很难识别自己的任何情绪。

情绪能力包括：意识到某种情绪对你的身体造成了怎样的影响，说出自己的感受，充分、负责地表达出自己的情绪，并让此情绪发挥出它的功能。我们认为最后这种能力可以使情绪变得完整。你能自己安慰自己，用愤怒来摆脱伤痛，为失去而感到哀伤，直面恐惧，缓解悲伤，以及敢于冒险伸出双手，与伴侣或其他人分享你的痛苦和喜悦。

发展情绪能力对亲密关系而言至关重要，所以我们想分享一个能帮助你实现这一目标的框架。当埃里克和杰米学习理解如何向上和向下调节情绪，表达出自己的感受并客观地看待对方的感受时，他们便是在识别自己的情绪。他们发现，我们模型中情绪能力的四个方向——向内、向外、向上、向下——在他们发展情绪能力的过程中非常有用。

情绪能力的四个方向

向上
识别并增强你体验和表达情绪的能力，在懈怠时打起精神

向内
了解自己内心真实发生的情况，能够与他人产生共鸣，将经历融入自己的感受之中

向外
流畅自如并负责地表达自我、真诚沟通，使情绪变得完整

向下
有识别、安抚和压制自己情绪的能力，做到克制与冷静

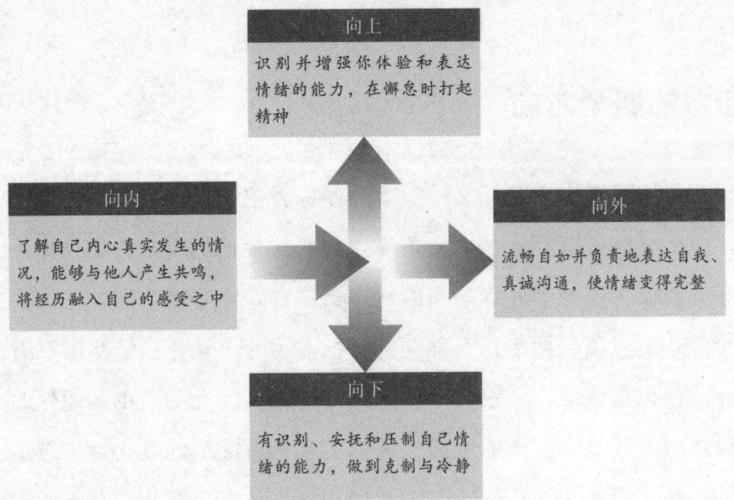

- 向内。了解自己，明白自己内心真实发生的情况。感知自己的感受，对自己当下的情绪有所意识，将经历转化为感受。理解自己，也理解对方。对外部事件和内部体验保持敏感。能够感知、体会、说出自己的情绪，这将有助于你意识到自己的渴望，还能让你充分体验到活力和共鸣。

- 向外。流畅自如并负责地表达自己。充分表达出你的感受，让它们自我完善。这不是指歇斯底里地大倒苦水，而是以一种与你自己和你的伴侣更加协调的方式，负责地进行沟通，表达自己的情绪。你有着从痛哭流涕到捧腹大笑的各种各样的感受，请真实地表达你的情绪，充分地展现你的情感。

- 向上。提升你表达自己或接受他人情绪时的影响力和强度。我们通常认为这是乐观的体现。意识到自己当下的状态，提高自己识别和增强情绪的能力，能让你更深入地体会自己的感受，体验到更多的快乐，也会让你更快地投入与伴侣的互动。这是获得激励和采取行动的关键，就像让你在懒怠时打起精神，你就能快速动身。

- 向下。有能力安抚自己，让自己冷静下来，调节紧张感——在你感觉被压垮，或不想对自己的情绪表达负责，或已经失去理智、丧失了自己曾具有的更高层次的功能、需要重新恢复镇定的时候，克制住自己的情绪。

请记住，没有人能把这四个元素全部游刃有余地融合在一起——不管我们在开始时有多高的情商，我们的能力总有提升空间。如果你跟杰米一样，那么你应该善于向内和向下，但需要多花点力气培养向上和向外的能力。埃里克已经通过努力获得向外和向上的能力了，现在正在努力学习向下的技巧。

> **对这四个方向进行评估**
>
> 请回顾一下你的生活，找一找能评估你在这四个方向上的能力的线索。向内：你是否有过无法察觉自己的感受，需要进一步培养感知自己情绪的能力的时候？向外：你是否觉得自己需要更多地表达自己的情绪？向下：你是否有过认为自己应该在表达时收敛一点或者不那么激动的时候？向上：你是否有时会觉得自己的行动过于迟缓，或要花上很长时间才能开始或投入？你需要在哪方面进一步发展自己的情绪能力呢——向内、向外、向上还是向下？

探索内心感受

你是否不确定自己到底怎么了，也不确定自己有什么感受，甚至不确定自己到底有没有感受？请仔细留意你内心的感受。注意你的情绪、思想和行为。这些会给你提供重要线索，让你明白是什么让你无法识别情绪或压抑了你的感受。你正在学习观察自己体内的世界。当你学会关注内心的这些感觉，对自己的情绪、思想和行为有了更清晰的认识后，你就更有可能辨认出与此相关的情绪。

> **成为一名情绪侦探**
>
> 检查你的身体、心理和行为中有哪些与情绪相关的线索。
>
> 身体感觉：你是否有下巴紧绷、手心出汗、心跳加速、紧张发抖、胸口发沉、喉咙发紧、呼吸急促、内脏紧绷、括约肌紧张或拳头紧握的表现？

心理感受：你是否感到紧张、防卫心强、喜欢挑剔、容易害羞、爱挖苦人、咄咄逼人、主观臆断、脾气暴躁、喜怒无常或是经常陷入自怨自艾之中？

行为习惯：你是否暴饮暴食、刷社交网络停不下来、不断拖延或沉溺于其他软瘾中？

这些线索都表明你在掩盖自己的情绪，使自己变得麻木。请说出你的基本情绪——恐惧、痛苦、愤怒、悲伤、快乐——打破这个魔咒。

每小时监测一次自己的感受

请设置每小时响一次的闹钟。当它响起时，闭上你的眼睛，辨认出你在那一刻的基本感受，然后立刻把它写下来。当你有意发展自己的情绪意识时，你可能会对它们发生的变化感到惊讶。

不要压抑情绪

压抑情绪会让你付出巨大代价。如果你试图隐瞒自己的感受，这些有认知作用的重要资源就会流失，从而降低你的记忆力、思考能力和决策力水平。抑制你的感受不会让你感觉更好，只会干扰你有效应对和利用情绪的能力。从某种意义上说，你压抑了一种感受，就是压抑了所有感受——你的快乐和爱意也受到了抑制。神经科学研究发现，承认并表达你的感受，并使用获得幸福的技巧来整合这些感觉，要比抑制它们好得多。

马修·利伯曼（Matthew Lieberman）及其同事2007年的一项研究表明，说出你的感受可以让你的杏仁核平静下来，同时让你的前额叶皮质恢复正常工作,你将能重新获得有意识和预见力的思考方式。你仍然能感受到这种感觉,但现在,你已经可以运用获得幸福的技巧更清晰地思考,也能对这种感觉采取更有效的行动了。

请将你的感受与另一半以及其他你信任的人分享。这样一来,你还会动用你大脑中的语言中枢,进一步增强效果。这些表达情绪的字眼可能会让你感到尴尬,直到你把这些词及其替代表达变成自己经常主动使用的说法。你也可以把自己的感受写到日记里,或写成一首诗,最好是手写,这样能帮助你控制情绪,给你的前额叶皮质提供更多资源。

表达而非压抑

只有说出你的情绪,你才能控制住它。分清情绪的类别,将你的恐惧、痛苦、愤怒、悲伤和快乐表达出来。当这些感觉出现时,就说"我很生气"或"我很伤心"。这种简单而又强大的技巧能让你兴奋的杏仁核冷静下来,并让更高层次的思考能力重新回到你的大脑中。

练习识别情绪

经常练习识别自己的情绪,能让你的情绪更健康,你也会更愿意在争吵或冲突发生时与对方积极互动。每天列一张情绪清单。在我们的指导下进行训练的伴侣,经常利用晚餐时间分享白天中的一件唤醒了他们基本情绪的事,无论是恐惧、受伤、愤怒、悲伤还是快乐,比如:"我今天很伤心,因为我助理说他另外找了一份工作。他都跟着我8年了啊。"请坚持这种训练,直到你们双方都能就自己的各种基本情绪说点什么:"我今天为_____事感到伤心/生气/害怕/痛苦/高兴了。"写日记也是有效的。

大声说出来

在这一部分，你要正向调节自己，更深入地体会自己的感受，增强自己的情绪体验，发动情绪引擎，更充分地投入到生活中去。你要放大自己感受到的快乐，这能让你不再冥思苦想或陷入消极思考。这不意味着你要放纵，也不是让你寻找不切实际的兴奋感，而是需要你充分感受你的情绪，好让它们引导你采取正确的行动。当你产生快乐的感觉时，你要细细品味这些快乐，强化它们的积极作用。这样一来，当你开始用无意义的举动逃避现状、陷入负能量或不想付出努力时，你就能用预先储存的快乐感觉激励自己采取行动。

振作起来

请注意自己充满负能量或情绪低落的时候，你需要激励自己，也就是正向调节。这可能是一场会议要推迟，或者你自己正拖延着什么事的时候。正向调节要求你做到转换情绪。你能在心情低落的时候让自己兴奋起来吗？

向实干家取经

如果你能始终保持积极进取，那么比起振作，你更需要的可能是学着让自己减减速。但我们大多数人更常遇到的情况都是，我们想要拥有更充沛的精力，却不知道如何能振作起来。这个练习要求你向那些动力满满的人学习，而且最好是充满感染力、拥有丰富表达能力的人。问问他们是如何做到的，然后自己试试。

应对激动情绪

无论你是怒不可遏、吓得想挖个地洞钻进去，还是焦虑到无法自已，都很有可能是因为你的"对抗—逃跑—呆滞"反应被触发了。你正处于一种高度的生理唤醒状态中，需要恢复某些更高层次的调节功能。是时候运用情绪能力中的冷静技能了。我们说的并不是封闭自我、变得麻木或压抑自己的感受。冷静技能是指你能够有意识地集中注意力并采取行动。

我们都需要一定的压力和刺激来激活我们的神经可塑性，这也是我们认为争吵是好事的众多原因之一。如果压力或刺激不足，我们的大脑就不会被触发和唤醒，也无法重新建立连接。我们需要受到适度刺激的状态——辅以鼓励的力量来达到平衡——从而最大限度地提高我们大脑网络中处理和整合信息的能力。

然而，当刺激过度泛滥时，我们的大脑就会被淹没。我们处于"劫持杏仁核"的状态，丧失了理智，失去了更高层次的能力。我们陷入"对抗—逃跑—呆滞"的模式，任何一种极端情绪都会对伴侣间的冲突造成不利影响。

为了减少"对抗—逃跑—呆滞"的反应，你需要学会如何应对这种受到刺激时下意识反应的情况，并选择另一条路。请记住，在这些情况下，你很可能会把另一半视作敌人或掠夺者，而非你的爱人或挚友。这种状态会导致诸多位于互动量表左侧的破坏性行为，而且在你们公开爆发争吵或用逃避行为惩罚对方时，你们的感情会出现裂缝。

我们现在不是在让你摆脱这种困境——你不能用一句简单的"都是我的杏仁核害我这么做的"来逃避自己对关系造成的代价高昂的影响。但你着实需要制定一些策略来应对自己受到的刺激，重新拥有那些更高层次的能力，通过激活大脑前额叶中的思维管理中枢来处理情绪，理清如何处理这些情况或杏仁核引起的冲动。重点不仅仅是"冷静下来"，更是去关注你身上究竟发生了什么，因此，这是一个发现、揭露和理解自我的时刻。对我们当中那些消极好斗的人而言，这意味着要在自己退缩的时候有所意识，并承认自己在感到压力的时候会这么做。无论是封闭自我，还是眼看着争吵不断升级，这些都是你重建矩阵的关键时刻。但首先，我们需要将自己调节到冷静的状态，深挖一下当前的情况。

请承认自己被"劫持"了，陷入了"对抗—逃跑—呆滞"的模式。你的前额叶会恢复正常工作，帮助你理解发生了什么，这样你就能够利用它获得理想的结果。要运用获得幸福的技巧来应对刺激，找出你的不安情绪背后隐藏的渴望。使用紧密互动的规则来负起责任，大胆承认并说出真实情况，同时把精力用到你想争取的事上，揭露你刚刚的爆发体现了你成长中的哪些未解心结。这意味着你要深入理解，并将你的发现与伴侣一同分享。你在理解和分享的时候，就能从旧的模式中解放出来。你会利用这个时刻，拉近你与自己和另一半的距离。这些敞开心扉的瞬间是重建矩阵的最好时机，也是为你们二人创造情感纽带和深厚联系的绝佳时刻。

测测你的脉搏

如果你的心率超过每分钟100下，你就被"劫持"了！互动量表左侧的很多不良行为都会加速你的心跳，提高皮质醇和其他应激激素水平，增强你的消极情绪。拒绝投入、批评、防卫和轻蔑都可能会刺激到你和你的伴侣。请运用紧密互动的规则，就是现在！

鲍勃可以从自己的经历出发给男士们一个提示：你是不是会拒绝参与互动？你是否会把自己封闭起来，变得麻木、用沉默来回应、低声抱怨、转移话题、径直走开，或自顾自做事？拒绝参与互动和退缩也属于"对抗—逃跑—呆滞"的机制。你可能以为

> 自己很冷静，但麻木并非冷静。这是一种无意识的反应，你受到了影响，被"劫持"了。你的生理机能很可能在你拒绝参与互动之前就已经被激起了，你在逃避，以一种无意识的方式降低自己受到刺激的程度。问题在于，这么做不仅不能解决任何问题，而且会让你的伴侣心率飙升！她的心理和生理方面都会受到影响，而且很可能持续加重，直到你爆发出来。研究表明，当她的心率升高时，她很可能会批评你——嗯，就是这样，受伤的还是你，然后你就更不想理睬她——你们双方都会陷入恶性循环。走出这个循环吧，或者"叫暂停"（time out）一下。

恢复冷静的时刻

有这样的一些例子：争吵发生时，你们中的一方或双方都失去了理智，说出了一些事后会令你们万分后悔的话，或者被激动情绪淹没，无法正常思考。这些都是很适合"叫暂停"的时刻，是一种"让我们打断争吵"的行为。预先商量好一个打断争吵或冲突的信号，这样你们就有时间冷静下来，保持头脑清醒，对各自在争吵中的言行负责，运用紧密互动的规则，并让你掌握的技巧发挥作用。利用这个间隙来为重新投入争吵做好准备，一方担负起50%的责任。你可以把这个时刻想象成一场拳击比赛结束时的铃声，你此刻要冷静下来，抚平自己的伤口，准备重新开始。

在我们关系发展初期，鲍勃在吵架时比我厉害多了。我觉得他的吵架水平已经达到黑带级别，而我还只是个初学者。他的语速极快，我跟不上，我很费力地去理解和回应他。我常常会说我们预先商量好的话，"现在我需要一点空间"，然后在多数时候，我们会停下来。我会去另一个房间，或者走到外面，小声告诉自己都是他的错，是他没理解我，是他总是自我中心……但紧接着，我的大脑前额叶会恢复正常运转，然后我就会看到自己身上真正发生了什么，我想要的是什么，我真正渴望的是什么，以及我感到自己脆弱却不愿承认的地方。我会使用获得幸福的技巧，更有责任感也更有效率地回到争吵之中，并成功运用紧密互动的规则。

"叫暂停"需要有一个时间限制。无论是一个小时还是更久一些，你们都必须在预先规定的时间内重新投入对话。我们制定的时限是24小时。"叫暂停"不是一个借口，可以让你就此退缩、逃避、假装争吵不曾发生或径直走开，作为对彼此的惩罚。这是一个让你们冷静下来的机会，这样你便可以更诚实、更负责任地投入互动并解决冲突，更好地理解对方，拉近彼此的距离。

用好"叫暂停"机制

请记得在"叫暂停"期间说出你的感受并控制它们。这会降低你受刺激的程度，让你能够运用紧密互动的规则。一旦你说出了自己的感受——我很生气、我很害怕、我真的受伤了——你就在一定程度上缓解了被激起的这种感觉，如此一来，你便可以正常思考，并计划如何回应。

早期预警，用身体信号让自己恢复平静

警报出现了！快停下来，注意这些感觉：我心跳加速了。我感受不到自己的心跳了。啊，我动不了了……喘不过气了。现在，请你负起责任，对自己说："我要让自己冷静下来。我需要练习获得幸福的技巧。"然后说说你该怎么做："我要'叫暂停'。我要出去冷静一小时……看看自己到底想要什么。为什么我会被激怒？"现在就行动起来，使用你掌握的技巧去了解真实发生的情况，

> 指引自己走向新的解放自我模式。
>
> 当你或你的伴侣失去理智，你们至少需要20分钟才能冷静下来，回到争吵或导致激动的情境中，而这个时长正好是个完美的暂停时间。你这么做的时候，就是在与自己调谐。

重启互动，解决问题，重建联系

调节回冷静状态是一种能让你获得更好联系的控制手段。一旦你触及自己的渴望，明确了争吵的导火线，就能重新投入争吵并解决问题了。一定要重新建立联系，但你需要在重新投入争吵的时候注意到再加速的情况，也就是原本已经冷静下来的争吵再次变得激烈的时候。这种情况经常发生在你觉得受伤或想要得到肯定的时候，但是为幸福而战的过程应该能帮你肯定自己。在这个时刻，你应该去努力理解另一半的观点。当你做出这种努力时，你的伴侣会更愿意倾听和肯定你的想法。有些伴侣过早地讲和了，这只会导致类似的争吵再次发生。一定要诚实地承认自己的想法，不要只想着控制对方。

激活催产素——身体接触的力量

另一种可以让你投入亲密关系冲突中的方式，是关于身体接触的。永远不要低估人类身体接触的力量，这样做能帮助你用富有成效和关注成长的方式经受住争吵的考验。通过身体接触，你将触发让你产生良好感觉的荷尔蒙，也就是催产素。它还能增加幸福感、信任感，并让你保持冷静和与对方之间的联系。

你的身体和大脑会把有支持意味的身体接触解读成"我和你在一起，我会与你共同分担"。身体接触会帮助你大脑中的前额叶区域调节情绪，从而使你放松，同时也实现了这些区域的另一个主要目的：解决问题。

保持身体接触，但不要止步于此。提一些问题，认真观察，说出真话，愿意探究，对令你们心怀抗拒的话题也抱有开放的态度，这些行为都能激发催产素释放，让这种带来美好感觉的化学物质遍布你的整个身体。

> **大胆秀恩爱**
>
> 热情地与对方进行身体接触。在公交车上相互依偎，拥抱彼此，抚摸对方的头发或脸颊，外出就餐时并肩而坐，以便进行身体接触。手牵手，搂住爱人，多接吻，在夜晚与彼此紧紧相依，跳点节奏舒缓的舞，或者做任何你们喜欢的事。

亲密关系的认知神经学魔法

随着你们的情绪能力和成熟程度逐渐提高，你们之间的亲密关系之舞也将越来越曼妙。你们成为两个成熟的个体，深入地触及和了解对方，帮助彼此学习与成长。在你们彼此赋能的时候，你们双方都变得更有安全感。"坚持行动"使你们能始终如一地给予自己情感支持，并互相调节情绪，让你们的矩阵也发生变化。

随着你们之间感情的深化，你们将能调节彼此的情绪——抚慰对方的烦恼，在为对方的成功庆祝时增进彼此的快乐。你们还将加深彼此对幸福时刻的体验。这不仅能让你们收获美好的感觉，还会拉近你们的距离。实际上，它改变了你们的大脑结构，帮助你们各自建立了调节情绪的神经新通路。你们正在帮助彼此重建矩阵，串联起关怀、同情和幸福感。

这不仅与你们分享了什么，更与你们的身体接触、语音语调和眼神交流有关，这些因素能帮助你们各自建立起向上、向下、向内、向外的情绪能力。如果重复的次数够多，你们就能以非语言的方式影响对方。拥抱和抚摸能给予你安慰。当你心烦意乱、陷入非线性思维和右脑通路之中时，轻柔的话语、抚摸头发以及温暖的目光等互动都能让你感到舒缓，有助于你重建矩阵。这些互动是你最初得以激活情绪通路的方式。现在，你可以凭借你们亲密关系的力量重新建立这种联系，并重建矩阵了。

抚慰彼此的情绪，双双调节到冷静状态，有助于你们整合经验。当你感到快乐与兴奋，同时你的伴侣与你一同庆祝和分享你的快乐时，你的神经通路就能被提升到更积极向上的状态，你将会更充分地体验到快乐。而你与伴侣分享快乐的消息时，将在分享中获得更大的快乐——分享会帮助你品味这段经历，从而增加你的亲密感和幸福感。如果你的伴侣在你言语敷衍、不愿互动或精神不振时激励你，用鼓励或挑战的话语激活你的通路，你会提起精神，活跃起来。

当你们共同经历这些状态时，你们之间的共鸣将会在你和你伴侣的头脑中产生更大的凝聚力。你们都经历了神经整合，这个过程对大脑的各个部分进行了连接，而这些部分会产生幸福感、感同身受的联系和深刻的亲密感。这种温暖和安全感为你们的自我发现铺平了道路，你们的神经网络得以整合，并沐浴在舒适之中。这种彼此间的双向调节能促进你们自我调节的能力。当你们增强彼此的情绪体验并互相抚慰时，你自我安慰和调节情绪的能力也会增强，从而加深你的快乐，激发更好的情绪体验。双方的共鸣将为你提供一种关怀、刺激与挑战的完美组合，让你以最佳的方式获得成长。

这是一场亲密关系的双人舞——你将从中体验到深层的和谐、共鸣与矩阵重建。你们的生活将是一种丰富、刺激、充满关怀的冒险之旅。当你寻求亲密关系并与对方紧密互动的时候，你们的关系将成为一种有转化功能的容器，既是燃尽糟粕的熔炉，又是你最佳自我的诞生地。

第12章 好好吵架吧

良性争吵的无限可能性

为幸福而战意味着，争吵是为了完善自我，同时你还要遵守约定的规则。亲密关系中的良性争吵是由渴望引发的。战场在我们心中，但它通过我们周边的世界显露出来。它不仅会在我们觉得自己需要战斗时出现，也会在我们的关系和平稳定的时候出现。这是一种自律行为，要求我们时刻留意自己的渴望、互动程度和揭露问题的意愿。到目前为止，你已经发现了，争吵并不是一个贬义词，而是描述了你所体验的一种与逃避或恐惧相对的、复杂的互动行为。当你们通过良性争吵而战，你将发现一个全新的自己，以及一段全新的亲密关系，这些都会超乎你的想象。

良性争吵是指你们全身心投入到生活和关系中，负起自己的责任，避免不必要的指责，为某件真正重要的事展开争执，而不是为了吵赢对方。你争吵的目的是揭示真相，提高创造性争吵相对于破坏性争吵的比例。通过争吵，你揭露了自己的问题，深入挖掘出争吵的本质，勇敢面对了自己过去的经历触发的恐惧、痛苦、愤怒和悲伤，并使这些情绪变得完整，实现了转化。你充满勇气，全面地揭示出真实的自己，并将其与另一半分享。当你在争吵中解放了自我，冒险打破了旧的规则，挑战了自己对亲密关系的限制观念，你将体验到自主获取的亲密关系蕴藏的力量。你将有意识地投入自己和你们关系的转变之中。你参与争吵，从而获得充分的感受，并通过对情绪的理性控制来更深入地了解自己和另一半。你努力让自己成长为最好的自己，并让另一半也拥有这样的能力。有意识地开展良性争吵，便是在为幸福而战。

追求浪漫的英雄征程

良性争吵是属于英雄的，因为他们会为追求完美关系而冒险。这并非易事，却能带来丰厚的回报。

请记住有赋能作用的亲密关系的定义：这是一种具有冒险性和刺激性的精神或感觉，有成就巨大的可能性。忘记"从此过上了幸福生活"的浪漫童话吧，这种观念不会给你带来完美的关系。相反，你应该像英雄那样去勇敢追求，才有可能获得亲密关系中的巨大财富。在为幸福而战的英雄征程中，你会去新的领域探险，进入森林，披荆斩棘，与怪物（我们内心的阴影）战斗，历经艰险，最后完成自我发展的任务。

毕竟，能够激励我们的是英雄在求索中面对挑战的故事，而不仅仅是他们在海滩上漫步，在日落时分狂欢，或享受床笫之欢的时刻。正是这种追求激起了我们对更伟大事物的呼唤，让我们有机会变得比原来的自己更强大，发现自己和另一半身上与生俱来的优点，发展出更深厚的感情。

约瑟夫·坎贝尔（Joseph Campbell）让"英雄之旅"这一概念得到了广泛的接受，我们能在《奥德赛》（*Odyssey*）和《星球大战》（*Star Wars*）等叙事中获得激励。伴侣们在进行良性争吵时也会体现出这样的精神，这种争吵也值得被歌颂。伴侣们发现了像《奥德赛》中的希腊神祇或《星球大战》中的原力那样的内在力量。那些为幸福而战的伴侣发现了勇气、力量、理解、同理心和亲密感。他们发展出了过去未曾知晓的新能力。道格和迪宁从来没有想象过，从分手到突破的过程中，他们能做到那么多事。他们在职业生涯、养育子女和个人发展的过程中相互赋予力量。凭借强大的亲密关系和深厚的爱意，他们都获得了博士学位，并在各自的事业中成了思想领袖。

与我们之前批评的那些"从此过上了幸福生活"的童话有所不同，我们推崇的是那些在遇到重重障碍时曾经失去信仰、想要放弃却又重新站起来的伴侣。他们在那些情况下仍继续与黑暗的力量抗衡，投入争吵，竭力挽回。在这个过程中，他们勇敢无畏，无论是关系还是自身都得到了极大的发展。对那些为幸福而战的伴侣而言，随着这段征程展开，他们永远会有所收获。当你学习这六种技巧时，你也会看到自己正在发展自主获取和与彼此共享的亲密关系。

是启程探险，还是留在原地

有的英雄，像戴着魔戒的弗罗多，是自愿启程的，但也有人像《圣经》中被鲸鱼吞进腹内的约拿那样，是被迫踏上征程的。不管他们出于什么原因离开故土，他们都发现了未曾想象的未知世界。当你为幸福而战时，你也离开了自己建立联系与争吵的旧模式，离开了自己矩阵中的限制观念，离开了关于亲密关系的误区，发现了建立联系和获得良好亲密关系的新方式。

你如果墨守成规，是无法踏上冒险之路的。很多伴侣会紧紧抓住自己熟悉的一切，哪怕还有更大的可能性在召唤他们。他们给自己洗脑："还没那么糟……会好起来的……也许我应该找别人……如果他愿意改，一切都会好起来的……我可受不了争吵，我睁一只眼闭一只眼就好了，它会自己过去的……只要我们停止吵架，一切都会好起来的……"

换个角度想一想：每一场争吵都在召唤你去冒险，去用不同的方式做事。请想想电影《土拨鼠之日》(Groundhog Day)，这部片子便是关于冒险的召唤以及对召唤的拒绝的生动、鲜活的写照。在影片中，比尔·默里（Bill Murray）扮演的角色一再忽略这个召唤，直到有一天，他在醒来时接受了这个帮助他完善自我并创造出一段亲密关系的挑战。冒险开始了，而每一步都通往新的世界，有些令人愉快，有些则不尽如人意，但所有这一切都是构成冒险的部分，将给他带来全新的视野。

或许你们的关系中存在危机，或许你看到其他伴侣比你们更富有冒险精神，也更亲密，或许你通过本书发现了新的可能性。你可能已经迈出了改善你们关系的一步，并看到它显示出了你未曾想象过的其他可能性。然后你会意识到，还有另外的选择存在，有另一个展现出强大的亲密关系的世界。你开始意识到，若想拥有亲密感和令人满意的关系，你需要自己去追求和创造，好事不会自动发生。让你开心和满意也并不是你伴侣的责任。所以，当你踏上这段征程时，请记住：你越是追随自己的渴望，就越能深入地展开追求更完美自我与关系的旅途。

留意召唤

对于你们的关系，你有什么渴望？你们关系中有怎样的冒险和挑战在召唤你？把这些挑战以及你们关系中的麻烦事视为冒险的召唤。多留意这些召唤。

在森林中迎战危险，发现宝藏

约瑟夫·坎贝尔将我们所说的"森林"称为"财富和危险并存的宿命之地"。在你们争吵的过程中，往往会出现危险——埋藏在心底的情绪，已经遗忘的不快记忆，你的矩阵中的限制观念和反射性行为，痛苦、愤怒和恐惧等童年时的未解心结。当你直面这些危险时，它们就会转化成亲密关系中的宝藏。而当你运用获得幸福的技巧迎接这些危险时刻时，你将更清楚地看到、理解你自己和你的伴侣，有更多深刻感悟，抱有更强的同情心，你们之间的联系和亲密感也会加深。这些充满魔力的时刻，为你重建矩阵提供了强大的可能性。

通过冒险和与迪宁争吵，道格发展出了承担风险和说真心话的能力。这些经历和迪宁的支持给了他更多勇气，于是他也开始在职业生涯中冒险拼搏。他与一位德高望重的诺贝尔奖获得者共同组织了一场会议，对自己的整个职业生涯做出了挑战。他指出了当前的经济理论在投资实践中的局限性，并提出了一个激进的改进方向。他的冒险最终得到了前所未有的回报。与此同时，迪宁也在自己的工作中积极冒险，作为领导者，她提出了一项大胆的举措。他们不断触及争吵的本质，在为幸福而进行的战争中释放能量，找到了完善亲密关系的不可或缺的力量。他们发现了深厚亲密关系中的宝藏，并在个人发展和职业道路上取得了更大的成功。

考验之路

请不要期望你的冒险之旅会一帆风顺。道格和迪宁在接受这场冒险时，就做好了不断受到考验的准备。他们在亲密关系、职业挑战和养育孩子的过程中反复经受着各种考验。当他们对这些挑战做出回应时，你根本想象不到迪宁过去曾是个唠叨不休的受害者角色，也预料不到道格已经成为自己理想中的样子，尽管他在必要的时候还会保持自我关注。你所参与的每一次争吵，都是衡量你投入程度的标尺，而如果你全身心地投入与对方的紧密互动，你的沟通技巧就能得到提升。每一次争吵都会暴露出你的脆弱之处和未解心结、需要克服的障碍以及该从中吸取的教训。

随着紧张气氛的爆发、争吵的上演和严重威胁的出现，你将不断经受考验。面对这些考验时，请记住本书介绍的六项获得幸福的技巧。

- 唤醒你的渴望
- 负责地参与到建设性的紧密互动之中
- 揭露出你的未解心结
- 解放自我，发掘新的行为和争吵方式
- 在重建矩阵时，形成新的观念和生活方式
- 竭尽全力，坚持行动

英雄无法通过所有的考验，你也一样，关键是要持续投入。英雄不必在所有行动中都做到尽善尽美，也不必在每场考验中都获得成功，但必须懂得从中吸取教训。全身心的投入会帮助你吸取教训，避免那些使你退缩的失败。

亲密关系的艺术

请想一想那些稳健如松的武术家，他们会在对方的攻击袭来前巧妙避开，将对方的攻击转化为己方的回击，同时对对手抱着尊重之心。当你练习这六种技巧时，你也将学会如何巧妙地处理亲密关系中固有的紧张感，以协调你们两个有着不同需求、背景、习惯和欲望的人之间的紧张关系。你努力平衡这些相互矛盾的张力，它们时而让你们密不可分，时而让你们各自独立；时而加深牵绊，时而导致逃避；时而是亲密，时而是距离。这些张力造成的压力往往就是出现冲突的根源，而在处理这种压力的过程中，亲密关系的艺术便是爱与联系的基础。

驾驭这种固有的压力，是深入、有爱的亲密关系的标志。中国人把这两种对立的力量称为"阴"和"阳"。当你学会处理这些紧张感时，你将拥有更强的适应力，学会更好地活在快乐的当下。你展现出更加真实的自我，任内心的渴望引导自己。

懂得亲密关系的艺术的人，是心灵的战士。在良性的争吵中，你是在为一个目标或原则而战。作为一名心灵战士，你将致力于实现自己对学习和成长的深切愿望，成为你所能成为的最好的人。良性的争吵能帮助你们发展成为情绪成熟的完整个体，利用亲密关系和对方给自己带来的影响，成为最好的自己。

心灵战士总是在不断地适应环境，做各种尝试，积极投入争吵。他们通过训练保持技能的敏锐度，并在爱的冲突中变得更加熟练。他们知道，这不仅是一场战役，更是一场战争，所以他们需要保持战斗的姿态，而不是试图在一场小小的战役中结束整场战争。战士们会审视自己的弱点，并努力加强。

战士的警觉性

通过对下列情况保持警觉，你便可以像个战士一样用心战斗。

- 让你退缩的矩阵中那些削弱你力量的观念
- 想放弃或图安稳的念头
- 指责和逃避责任的防御性反应
- 表现出破坏性与被动反应，而不去探索创造性的可能
- 陷在互动量表左侧无法自拔

如果你已经走向了互动量表破坏性的一侧，或顺其自然地进入了受害者和不负责任的角色，那么请你找回平衡，克制住在未能对自己全权负责的情况下去指责、批评对方的冲动。

你要做的是不断练习获得幸福的六项技巧，坦率地评估自己的遭遇，自己舔舐伤口，找回平衡，重新进入战场，再次振作起来，准备为幸福而战。

盟友的帮助

英雄都有自己的盟友和帮手——你的另一半以及其他踏上寻求幸福之路的伴侣，他们都能为你提供明智的建议，给予你所有成功的英雄都需要的支持。

想一想历史故事和当代神话中的盟友——奥德修斯有雅典娜，卢克·天行者有欧比旺·克诺比，他们都不是独自踏上追求之旅的。你要做的是找到盟友。与此同时，要辨认出那些会削弱你的力量或跟你一起相互指责、自怜自艾的人，拒绝他们与你同行。真正的盟友不仅会在困难时支持你，而且当一切进展顺利时，他们也会激励和挑战你。你的另一半可能是你最强大的盟友，无论你们是在争吵、玩乐、做家务还是做爱，每一个互动都可以成为你们成长和转变的机会。你们的关系可以为你实现梦想提供支持。

盟友能帮助彼此展现出最好的一面。请支持你的伴侣追寻他/她的梦想——不是你对他/她的期望，而是他/她对最好的自己的愿景。在"米开朗基罗现象"的作用下，你可以帮助你的伴侣塑造出他/她心目中的理想自我。那些肯定彼此理想自我的伴侣，不仅能在自己的生活中展现出最好的一面，而且在朝着理想的自我发展时，他们的关系也会更加美满。你们每次互动的时候，都可能是在"塑造"对方。

盟友也会对彼此抱有幻想——你因为另一半本来的样子而欣赏他/她，但也会希望他/她成为某种样子。你的态度反映出了你的伴侣在你身上激发的愿景，这与你对自己的目标是一致的。这并不意味着你没有在另一半形成他/她的愿景时发挥作用——你可能会看到伴侣身上隐藏的天赋和潜力。这并不意味着你打算将你的伴侣改变为符合你内心标准的样子，而体现了你相信他/她的潜力，并支持他/她朝着远大梦想的方向前进。我们常常需要自己的挚爱或其他人来激起我们的渴望——如果你不知道自己心怀某种渴望，或者你已经因为自己的限制观念而否定了这种渴望,那么你就很难这样渴望了!

鲍勃为我树立的愿景包括成为一名作家和演说家,获得博士学位,与他共同创办一所研究院,还包括其他许多可能性。他相信我,在我身上看到了很多我自己都不曾想象到的可能性。我自己则保守一些,对自己的看法比他能看到的有限得多。当我被限制在某些领域内的成就中时,是他对我的信心,鼓励着我去伸手摘星。

当我写了一本畅销书,上了《奥普拉·温弗瑞秀》《早安美国》和《20/20》时,他一点儿也不感到意外。而对我来说,这是一次意义重大的重建矩阵之举。对于这一点,我经常和他争吵、对抗,或是打退堂鼓……但我也总被深深打动,为自己的梦想得到实现的那一天兴奋不已。直到有一天,我终于自己拥有了这种愿景。

如果你们的关系能不断让你成为一个更好的人,那就再好不过了。你的成长越显著,你们的关系就会越好,因为你也会反过来促进对方的成长。你们从彼此身上感受到的进步越大——无论是新的想法、不同的生活方式、新奇的经历、看问题的角度还是知识面——你们就越能对这段关系感到满意并坚定信心。

从此过上有深度的生活

当你们为幸福而战的时候,会发生什么?当你们英勇战斗的时候,你们双方体内和你们的关系中会发生什么?

你们在体验一种不断增长的深刻的爱,这种爱会渗透进你们关系中的每个角落。你们的关系不断成长,其中充满了爱意和共鸣,也有挑战与批评——这是一场激动人心的亲密冒险。你们将从此过上有深度的生活。

这就是本书中所有教你获得幸福技巧的共通之处。这是两个真诚的人的愿景，他们全身心地做好自己，同时真正投入到相互尊重的亲密关系之中，并致力于共同增强彼此的天赋。

我们描述的获得幸福的过程不仅包括解决争吵或改善关系，它还是一种超越传统模式的关系发展模板。那些在为幸福而战的过程中不断提升自己的伴侣，为他们的关系创造出了新的可能性——这是一种不断深化的亲密关系，一种不断扩大的爱，一段永不停息的冒险之旅。

有意识地与自身、伴侣和更广阔的世界建立联系

在挖掘争吵本质的征程中，你——亲密关系中的英雄——体验到了巨大的转变。你带着新发现的关于沟通的宝藏，回到自己的日常生活中，与他人分享。你分享了自己在追寻完美关系过程中获得的奖赏，那是你在为幸福而战时学到的经验与教训，以及爱、智慧、自由和你的冒险经历赐予你的知识。英雄的追求不仅仅是让英雄本人及其伴侣受益，更是让所有人共享美好的一切。

当我们抓住了争吵的本质，我们之间的联系会变得更加紧密。我们不仅心连着心，我们的思维和大脑也会相互作用，创造出一种得到拓展的意识状态。当你的意识得到了拓展，你将超越自己认识的那个自己。这会增强你的意识，促进你的成长，增添你生命的意义，加深你与自身和伴侣之间的联系。

你不仅能与自身和伴侣建立起更充分的联系，而且这种联系还会转移到你周围的世界。你体验到的亲密感会让你进入一种意识状态，随着你促进生活中越来越多领域的发展，你将更深入地与他人进行接触。

你在接受冲突后，很可能会在日常生活中看到更多冲突，也会更清楚地意识到我们彼此之间如何相互联系，以及这种联系如何扩展到生活圈中的所有人身上。当你与自己的伴侣建立联系时，你会看到自己与更

大的世界也产生了联系。当我们与伴侣的爱得到深化时，我们便开始心存对全部人类的爱。

现在，你努力明确了争吵的本质，伴随着真实的体验和持久的激情，你们追寻着真正的爱情和不断深入的亲密关系。你们投入良性的争吵，为实现自己的渴望而争吵，为揭示和发现你的内心的矛盾与限制观念、无意识的矩阵背后存在的真实问题而争吵。你学着向你的伴侣揭示真实的自己，无论这个自己是什么样的。你为解放自我而争吵——勇敢冒险，大胆行动，打破自己的局限，纵身跃入更深的自我，寻求更亲密的关系。你们为了坚持有战略性地重建矩阵而争吵，完善自我，创造出富有活力的亲密关系。你们为致力改善现状而争吵，不懈地选择、冒险、学习、成长、转变——有意识地主导自己的转变，去创造一段充满活力、不断发展的幸福关系。现在，你们的关系有了更伟大的目的，它能让你自己、你的伴侣、你们的关系以及你接触的对象都展现出最好的一面。你与他人分享这份爱，这样他们便能得到鼓舞，从而响应冒险的召唤，开始他们自己的冒险之旅。

你要做的是想象出一个世界，在那里，伴侣们通过与彼此互动，不断超越自我。他们进行良性的争吵，有意识地做出积极的转变。请想象这样一个世界，在那里，所有伴侣都踏上了追寻幸福之旅，他们发现了各自争吵的本质，体验到了深深的爱，并与他们所爱的人分享。

请想象这样一个世界，在那里，所有的关系都能让双方展现出最好的一面，每个人自身都能得到发展，进而为他们的关系带去更多意义。在那里，每位伴侣都在互动中承担起自己的责任，不去责怪对方，并不断学习和运用具有创造性、建设性以及变革性的互动技巧。在那里，伴侣们知道，获得个人成长、发展成熟情绪以及不断完善自我，是他们自己的事。在那里，亲密关系是不断升级的冒险之旅，这场冒险涉及爱与真实、诚实而善于表达的互动、相互赋能以及激励。在那里，人们真实、自由、诚恳地进行互动，从而激励各自发展和成长。在那里，战斗是有目的的——发展出成熟的情绪，以应对亲密关系中产生的痛苦、愤怒或恐惧，并将其进一步转化为成长和发展、理解、同情以及对自己和伴侣的更深层次的爱。想象一下，孩子们得以在这些真实、自由的环境中长大，然后带着成熟、活力和责任感，步入他们自己的成人关系之中。

请想象这样一个世界，在那里，所有人都通过良性争吵紧密互动。他们致力成为最好的自己，在关系中展现出最好的一面，并把亲密关系视作具有变革性的爱的容器。因此，他们踏上了一条征程，一路以渴望为荣，参与变革性的互动，揭示出隐藏在内心深处的问题，解放自我以打破限制观念，用赋能信念和负责、真诚、有爱的存在方式建立起新的矩阵。

这便是良性争吵的意义——为幸福而战。愿你成为最好的自己，也让身边的人展现出最好的一面。愿你体验到亲密关系之旅中更深层的馈赠，也愿你在收获更深的爱与快乐的同时，将这份幸福分享给更多的人。

致 谢

这是一本深受广大读者喜爱的书。正是大家充满爱意的提携、关怀与思辨，让我们一路前行。我们非常感谢我们的学员，尤其是我们的"伴侣赋能小组"，我们所有的伴侣团队，以及在"转变的一年"（Year of Transformation）、"转变实验室"（Transformations Lab）、"领导小组"（Leadership Group）和莱特研究大学中的那些勇敢者。他们在自己的亲密关系和专业领域中，亲身实践了这些技能。

我们很幸运，拥有一群全情投入的员工，他们致力于完善自我，并让身边人都展现出最好的一面。在此，我想向芭布·伯吉斯表达衷心的感激，她始终踏实工作，尽一切努力把事情办好。凯特·霍姆奎斯特不仅毫不吝惜她的聪明头脑，同时也用心投入到这场游戏中，为了赶在最后期限前完成任务，放下了手头其他所有的事情。阿梅莉亚·珀金斯在读过第一章后，便领略到了深深激励着我们的无限美感和诸多可能性。雷切尔·兹韦尔是优秀的打字员和编辑莫妮卡·桑登的忠实伙伴。萨沙·塞金格为我们的宣传和销售工作带来了极大活力。乔治·米勒与我们的社交媒体经理斯蒂芬妮·卡斯蒂洛一同制作了我们的博客电台节目。丽莎·桑登则负责我们基金会的扩张。我们莱特研究大学的校长迈克·兹韦尔统筹全局，在任何有需要的地方都竭尽所能，让一切都发展得尽善尽美。他与我们所有的员工一起，始终如一地加班加点推进这项工作。杰奇·达维拉在预算控制上做到了无懈可击。此外，还有我们的项目教练吉利安·埃切尔、格特鲁德·莱昂斯、贝丽尔·斯特姆斯塔、凯伦·泰瑞、詹妮弗·史蒂芬、阿特·西尔弗和乔恩·菲尔德曼，"转变的一年"中的教练和组长，以及其他项目的各位负责人，在他们共同的努力下，才有了本书中使用的这些素材。

布鲁斯·韦克斯勒坚持让我们撰写这本书，并完成了促成本书问世的许多关键工作。他反复修订章节，还给予我们鼓励。我们的代理乔尔·德布戈非常成功地与美国新先驱出版公司达成了合作。新先驱出版公司的编辑团队，由组稿编辑梅丽莎·柯克领导，在尼古拉·斯基德摩尔、杰西·毕比和安吉拉·奥特里·戈登的推动下，为我们提供了见解深刻、详尽缜密、极具说服力的反馈意见。新先驱公司的所有销售、市场营销和管理团队，共同帮助我们把这个重要的主题完美地呈现了出来。

从市场营销到道德顾问——尤其是梅丽莎·乔瓦诺利·威尔逊、德文·杰沃斯基和罗伯特·摩尔博士——有相当多的人为我们提供了宝贵的建议。

我们还要特别感谢从事亲密关系、神经科学和行为科学研究的学者们。我们引用了他们了不起的调查研究，深入到我们从未涉足的那些与表象背道而驰的真理之地。是他们的研究成果释放出了我们所有人的潜能。

对致力于人类潜能研究的莱特基金会成员阿特·西尔弗、约翰·达维多夫、里奇·莱昂斯、斯科特·斯蒂芬、斯坦·史密斯、汤姆·特里和凯伦·威尔逊·史密斯鲍尔以及我们的顾问唐·德尔夫斯，我们深表感激。他们不仅把钱花在日常物质上，而且注重精神消费。"女性行动协会"和"男性指导"组织中的无数学员都帮助我们传播并发展了这一课程。我们对他们的付出与合作深表感激。

最后，我们再次向所有帮助过我们的合作伙伴致以最衷心的感谢！

出版后记

也许我们从小受到的教育便是不要吵架，不要与他人起冲突，和平相处才是人际关系中最重要的事……但争吵真的是一件完全消极的事吗？本书作者告诉你，错不在争吵本身，而在你们争吵的方式。只要吵对了，你们的沟通水平能达到前所未有的高度，你们能享受到对自我、关系与生活的真正的控制感。

无论是回避争吵还是为泄愤而吵，都只会给你们的关系带来消极影响。然而很多人依然相信，良好婚恋关系需要伴侣以不吵架的方式来维持。不仅如此，诸如"找到对的人就好了""感情需要争取，意味着你们不合适""化学反应和相容性非常重要"等观念也在从传统与流行文化层面上不断向人们渗透。但作者们告诉你，幸福从来不是现成的，童话故事只存在于纸上。真正现实的婚姻与爱情，需要你们双方敢于深入关系的丛林，大胆冒险，解决问题。

要掌握正确的争吵方式，你们必须反复演练并熟练使用六项获得幸福的技巧。事实上，这些技巧适用于生活中很多领域。毕竟，你需要的并不只是一段稳固的关系，更是完善自身、创造幸福、与伴侣共同进步这样一种可持续的向上运动。这些技巧以及本书所提供建议的本质是：只有深入挖掘自我，勇敢面对问题，积极与对方互动，永远保有一颗追求之心，你的生活和人际关系才能越来越好，你也将成为你曾经无法想象的样子。

服务热线：133-6631-2326　188-1142-1266
服务信箱：reader@hinabook.com

后浪出版公司
2018年8月

Copyright©2016 by Judith Wright and Bob Wright
This edition arranged with Joelle Delbourgo Associates, Inc.
through Andrew Nurnberg Associates International Limited

本中文简体版由银杏树下（北京）图书有限责任公司版权引进。
著作权合同登记号：图字01-2018-5312

图书在版编目（CIP）数据

如何正确吵架 /（美）朱迪斯·莱特,（美）鲍勃·莱特著；钟辰丽译. — 北京：中国华侨出版社，2019.3（2019.3重印）

ISBN 978-7-5113-7752-4

Ⅰ.①如… Ⅱ.①朱… ②鲍… ③钟… Ⅲ.①婚姻-社会心理学-通俗读物 Ⅳ.①C913.13-49

中国版本图书馆CIP数据核字(2018)第178091号

如何正确吵架

著　　者：	［美］朱迪斯·莱特（Judith Wright）　鲍勃·莱特（Bob Wright）
译　　者：	钟辰丽
出 版 人：	刘凤珍
责任编辑：	待　宵
特约编辑：	刘昱含
筹划出版：	银杏树下
出版统筹：	吴兴元
营销推广：	ONEBOOK
装帧制造：	墨白空间
经　　销：	新华书店
开　　本：	690mm×960mm　1/16
印　　张：	14.5
字　　数：	187千字
印　　刷：	北京盛通印刷股份有限公司
版　　次：	2019年3月第1版　2019年3月第3次印刷
书　　号：	ISBN 978-7-5113-7752-4
定　　价：	45.00元

中国华侨出版社　北京市朝阳区静安里26号通成达大厦3层　邮编：100028
法律顾问：陈鹰律师事务所
发 行 部：（010）64013086　传真：（010）64018116
网　　址：www.oveaschin.com　E-mail：oveaschin@sina.com

后浪出版咨询(北京)有限责任公司
未经许可，不得以任何方式复制或抄袭本书部分或全部内容
版权所有，侵权必究
如有质量问题，请寄回印厂调换。联系电话：010-64010019